戦国大名の家中抗争

父子・兄弟・一族・家臣はなぜ争うのか？

渡邊大門

星海社

297

SEIKAISHA SHINSHO

はじめに

十五世紀後半以降、わが国は内乱状態となり、各地の戦国大名が争った。その中には領土の拡大を目指し、国境を接する大名同士の戦いもあったが、家督《かとく》の継承や家の主導権をめぐる抗争も存在した。

戦国大名は家督を継承することにより、領国を支配しうる権限を得た。通常、当主が亡くなると、嫡男《ちゃくなん》が家督を継承する。しかし、嫡男が病弱だったり、支配者としての才覚に欠けていたりすると、家督を継げないこともあった。そういう場合は、次男以下の男子が家督を継ぐのだが、ときに兄弟や一族で家督をめぐって争うこともあった。

ほかにも抗争に至るケースはある。当主の没後、家督を継承した男子が幼い場合は、有力な家臣が支えた。しかし、本来、幼君を支えるはずの家臣が野心を抱き、謀反《むほん》を起こすことがあった。もちろん、幼君でなくても、当主が無能な場合、家臣が家を乗っ取るべく謀反を起こすケースは珍しくない。

ほかにも類例を挙げるとキリがないが、大名は他国の大名と戦うだけではなく、家中に敵がいることもあったのだ。先に幼君の例を挙げたが、ほかにも親子間、兄弟間、大名当主と家臣間などバリエーションは豊富である。いかに戦国大名といえども、決してその地位は安泰ではなかったのである。

本書で取り上げたのは、いわゆる「御家騒動《おいえそうどう》」、「下剋上《げこくじょう》」と称されるものである。従来、「御家騒動」、「下剋上」については、その原因が負けた側にあるとされてきた。負けたのは、その人物が無能であったから、あるいは問題となる行動が多かったので、家臣らから見放されても仕方がないなどの理由付けがなされたのである。

そうした理由の多くは、信頼度の落ちる二次史料に書かれたものが多い。勝者が親、兄弟、主君を討った理由を正当化すべく、敗者を貶《おとし》める言説を広めたと推測される。改めて彼らが抗争を繰り広げた理由を検討すると、それぞれの大名家によりさまざまで、そう単純ではなかったと考えられる。

同時に重要なのは、戦国大名権力の問題である。戦国大名と言えば、家臣や領民を絶対的な権力で従わせているようなイメージがあるが、それは必ずしも正しいとは言えない。戦国大名権力は、当主の一族や家臣の支持により成り立っていた。戦国大名当主が一族や家臣にとって、利益をもたらす存在であれば問題なかったが、そうでなければ存在意義や価値がなかった。

　戦国大名当主が「無能」と判断された場合、当主の一族や家臣は謀反を起こし、自らが当主の座に就くか、新しい当主を擁立した。詳細は本文に譲るが、それが血を分けた親子や兄弟であっても、激しい抗争を繰り広げた。家中抗争の結果、勝者は敗者を徹底して粛清し、家中の引き締めを図ったのである。

　本書は信頼できる史料や先行研究に基づき、なぜ親子、兄弟、当主と家臣間などで権力争いが生じたのか、検討したものである。なお、本文中の史料の現代語は、著者によることをあらかじめ申しあげておく。

目次

第二章　親子で主導権を争ったケース　55

武田信虎・信玄父子
斎藤道三・義龍父子

第三章　当主と家臣の抗争　79

赤松義村と浦上村宗

大内義隆と陶晴賢
島津義久と伊集院忠真
宇喜多秀家と家臣団

第四章 親が子を殺した事件 135

武田信玄・義信父子
徳川家康・信康父子

豊臣秀吉・秀次父子

第五章 当主死後の後継者争い 161

毛利元就と相合元綱
今川義元と玄広恵探

第六章

兄弟間の抗争劇 187

織田信長・信勝・信広兄弟
浦上政宗・宗景兄弟
伊達政宗・小次郎兄弟

図版／ジェオ

第一章 実子がなかったために起きた抗争

細川政元

上杉謙信

妻を娶《めと》らなかった大名

わが国の長い歴史において、男子は早い年齢（十五・十六歳）で結婚し、後継者を残すことが大きな責務だった。それは、武家だけでなく公家《くげ》も同じことで、正室だけでなく側室を迎えることも珍しくなかった。むろん、結婚して正室を娶り、さらに側室を多数迎えたとしても、必ず後継者たる男子が誕生するとは限らなかった。その場合は、養子を迎えて後継者に据えるのである。

後継者が生まれるか、生まれないかは運もあるが、そもそも結婚をしないという戦国大名は極めて珍しい。その中でよく知られているのは、細川政元《まさもと》と上杉謙信《けんしん》である。この二人は生涯にわたって妻を娶らず、一生を独身で過ごした。

政元はいちおう後継者を定めたが、殺害されたあとは養子が家督をめぐって争った。一方の謙信は後継者の指名をしなかったので、当人の没後は養子が家督をめぐって抗争を繰り広げた。以下、その実情に迫ることにしよう。

細川政元とは

文正《ぶんしょう》元年（一四六六）、細川政元は勝元《かつもと》と山名宗全《そうぜん》（持豊《もちとよ》）の養女（山名熙貴《ひろたか》の娘）の子として誕生した。幼名は細川京兆家《けいちょうけ》が代々名乗る聡明丸《そうめいまる》だったので、将来が嘱望されていたのは明らかである。勝元が宗全の養女を妻に迎えたのは、明らかな政略結婚だった。当時、勝元は有力守護の山名一族との関係を強化していたからである。

　政元が誕生した翌年の応仁元年（一四六七）、応仁・文明の乱が勃発した。勝元と宗全は政治路線をめぐって決裂すると、東西両軍に分かれて激しく対立し、全国の守護を巻き込んで戦った。戦いは長期に及び、地方に波及して収束する気配を見せなかった。戦い開始から六年後の文明五年（一四七三）三月、宗全が七十歳で病没し、あとを追うかのごとく五月に勝元が四十四歳で亡くなった。乱の当事者が亡くなったにもかかわらず、戦いは終結しなかった。

◎細川家略系図

勝元――政元＝澄之（九条政基の子）
　　　　　　＝澄元（細川義春の子）
　　　　　　＝高国（細川政春の子）

※＝は養子

　同年八月、政元はまだ元服を済ませていなかったが、勝元の後継者として幕府に出仕することになった。しかし、まだ幼かったので、一族の細川政国《まさくに》が後見としてサポートした。一方の山名氏は、政豊《まさとよ》が山名氏の家督を継いでいた。こうして文明六年（一四七四）、山名氏・細川氏ともに後継者が揃ったところで和睦が成立した。とはいえ、これで完全に戦いが終わったわけではない。畠山氏などは和睦後も義就《よしひろ》と政長《まさなが》が争っており、京都市中での戦いが完全に収束するのは、文明九年（一四七七）を待たなくてはならなかった。

管領《かんれい》になった政元

文明十八年（一四八六）七月、政元は畠山政長の後任として、初めて管領に就任したが、その事情はいささか変わっていた。当時、政元は二十一歳の青年だった。政元は足利義尚《よしひさ》の任右大将拝賀の式典に際して、畠山尚順《ひさのぶ》（政長の子）の供奉《ぐぶ》を認めるよう義尚に進言した。しかし、義尚は尚順の供奉を拒否したので、政元はその日のうちに管領を辞めると申し出たのである。

これには、もちろん事情があった。応仁・文明の乱の際、勝元が支援していたのは畠山政長だった。そのような理由から、政元は政長の子の尚順を自邸で元服させ、義尚の任右大将拝賀の式典に参列させようと考えていた。それを義尚に拒否されたので、すっかりへそを曲げてしまったのである。

結局、義尚の任右大将拝賀の式典は準備が整わず、また天皇の体調も優れなかったので延期となった。同年七月二十九日、式典は挙行されたが、政元は式典を終えると、すぐに管領を辞任したのである。同じことは、のちにも繰り返された。

長享元年（一四八七）七月二十日、文明から長享に改元が行われた。改元は朝廷だけで完結するのではなく、幕府に改元詔書《しょうしょ》が送達され、吉書始《きっしょはじめ》を行うことが必要だった。同時に、管領の沙汰始も行われることで、武家でも新しい年号が使用されたのである。ところが、当時は管領を務める者がおらず、不在だったので政元が就任した。一連の儀式が終わると、政元はその日のうちに管領を辞したのである。

延徳二年（一四九〇）七月、足利義稙《よしたね》（義材《よしき》）が義尚の死去に伴って、新しい将軍に就任した。新将軍が就任すると、判始、評定《ひょうじょう》始、沙汰始を執り行うのが慣例だが、その際に管領が不在ではまずかった。そこで、またもや政元は儀式を執り行うためだけに管領に就任し、終わると即座に辞任したのである。

政元は管領家の出身であるにもかかわらず、常時、管領に在任することはなく、儀式のときだけ一時的にその座に就いた。こうした例は非常に珍しく、政元にいかなる考えがあったのか不明である。

一人目の養子を迎える

政元の生涯に転機が訪れたのは、長享元年（一四八七）のことである。この年、将軍の足利義尚は、近江《おうみ》国守護の六角高頼《たかより》を討伐すべく出陣を決意した。高頼は義尚の近臣の所領、諸寺社の所領を押領したので訴えられていたのだ。同年九月、義尚は政元らを従えて近江に出陣したが、戦いは思うに任せず、長享三年（一四八九）に鈎《まがり》（滋賀県栗東市）で病没した。

義尚には子がなかったので、次の新将軍が誰になるのか注目された。日野富子（義尚の母）や畠山政長が次期将軍の候補として推したのは、足利義視《よしみ》（義政の弟）の子の義稙（義材）だった。一方で、政元が推薦したのは、堀越公方《ほりごえくぼう》の足利政知《まさとも》の子で天龍寺香厳院《きょうごんいん》の清晃《せいこう》（のちの義澄《よしずみ》）である。結局、新将軍に就任したのは、義稙だった。新将軍の人選をめぐって揉めたこともあり、政元は義稙や政長と距離を置くようになった。

延徳三年（一四九一）二月、政元は摂関家の九条政基《まさもと》の子を養子に迎えた。当時、まだ三歳だった養子には、細川京兆家の嫡流たる聡明丸の名が与えられた。のちの澄之《すみゆき》である。なぜ、この時期に政元は九条家から養子を迎えたのだろうか。将軍になれなかった義澄の母と政基から受け入れた養子（澄之）の母は、ともに武者小路隆光《むしゃこうじたかみつ》の娘だった。つまり、政元はこうした関係を利用して、さらに義澄との連携を深めようとしたのであろう。

同年三月、政元は京都を出発して、東国に向かった。政元は越後を経て奥州に向かい、そこから伊豆国を経由したのちに京都に戻る計画だったが、義稙から帰還命令が出たので断念した。政元が旅に出た目的は、足利政知と面会したうえで、関東管領の山内上杉氏との連携を深めようとしたからだった。しかし、越後国守護の上杉房定に奥州下向を妨害され、政知も同年四月に病没したので、政元の目論見は失敗に終わったのである。

政元は将来的に義稙を将軍の座から引きずり下ろし、義澄を新しい将軍とする計画を持っていたという。その際、自らの後継者に澄之を据え、堀越公方には政知の子の潤童子《じゅんどうじ》を付ける予定だった。この計画は、後述する明応の政変へとつながったのである。その布石は、ほかにも打たれていた。

政元は新将軍を誰にするのかをめぐって、畠山政長と争ったこともあり、政長の敵の畠山基家《もといえ》（義就の子）に急接近した。政元は天竺《てんじく》氏から養女を迎えると、基家に嫁がせたのである。これは政略結婚であり、政元と基家の関係は深まった。政元は基家だけではなく、幕府政所《まんどころ》の執事（長官）を務めていた伊勢貞宗《さだむね》とも通じていた。ほかにも名前は詳しく記されていないが、政元は自らの計画を実現させるため、多くの大名の協力を取り付けていたという。

明応の政変

延徳三年（一四九一）八月、義稙は政長に対して基家の討伐を命じ、以後もたびたび河内国への出陣命令を下した。政長は義稙を将軍に推してくれた恩人なので、その要望に応えたのだろう。明応二年（一四九三）二月、ついに義稙自身が基家を討伐すべく、河内国に出陣することになった。

義稙の出陣を受けて、政元は計画を着々と実行に移すべく、政変のスケジュールを協力する人々へと通知した。同年四月二十二日、政元は義澄を遊初軒《ゆうしょけん》（京都市右京区）に移すと、畠山尚順の邸宅など、義稙与党の人々の居宅を襲撃した。政元がクーデターを実行すると、それまで義稙派だった日野富子が政元を支持した。富子は将軍だった足利義政の後家であり、政治への発言権を持っていた。富子が政元を支持したので、義稙は不利になった。

同年閏四月、政元は畠山政長を討つべく、河内国に軍勢を派遣した。政長は正覚寺《しょうがくじ》（大阪市平野区）に籠って防戦したが、呆気なく落城した。その後、政長は火を放って自害して果て、子の尚順を紀伊国に逃がしたのである。政長の配下の者は、ことごとく討たれるか、降参する運命をたどった。

義稙は政元に降参すると、足利家重代の小袖を引き渡した。この小袖は、足利将軍家の家督を意味する重要なものだったので、義稙は自ら将軍の座を降りたことになる。政元は義稙を龍安寺《りょうあんじ》（京都市右京区）に幽閉し、讃岐国小豆島に流そうと考えた。しかし、同年六月、義稙は悪天候に乗じて龍安寺を抜け出し、越中国に逃れたのである。

義稙は、越後上杉氏、能登畠山氏、加賀富樫《とがし》氏、越前朝倉氏の協力を得ていたので、政元は義稙を討つべく軍勢を能登国に派遣したが、それは失敗に終わった。対する義稙も義澄と政元を討つ計画を進めたが、結局は実現しなかったのである。

政元の奇行

明応三年（一四九四）十二月二十日、義澄の元服式を執り行うことになった。その際、重要な加冠役（烏帽子親《えぼしおや》）を務めることになったのが、ほかならない政元である。ところが、元服式の当日になって、延期が決定した。その理由とは、政元が普段から烏帽子を被っておらず、嫌がったという他愛ないものだった。とはいえ、烏帽子を被らないというのは、当時の人々にとって異様なことだった。

平安時代以降、烏帽子を被ることは庶民の間にも普及し、やがて烏帽子を被らないことは恥ずかしいことであるという観念が生じた。烏帽子を被らないのは、よほどの低い身分の者か、元服前の者に限られていた。したがって、烏帽子を取られたり脱がされたりすることは恥辱であり、喧嘩になることも珍しくなかったのである。

結局、延期となった元服式は、十二月二十七日に挙行され、続けて義澄は将軍宣下《せんげ》を受けて、晴れて将軍となった。これら一連の行事の遂行には管領の存在が欠かせなかったので、政元は管領に就任したが、これまでと同じくこの日限りで辞任したのである。

政元は烏帽子嫌いという例を挙げたが、奇行で知られる人物だった。越後を経て奥州に向かったことは先に取り上げたが、管領になるような人物がそのような長旅に出ることは、極めて異様としかいいようがない。

政元は修験道や山伏の修行に傾倒しており、そのことは「京管領細川右京大夫政元ハ、四十歳ノ比マデ女人禁制ニテ、魔法・飯綱《いづな》ノ法、アタコ（愛宕）ノ法ヲ行ヒ、サナカラ出家ノ如ク山伏ノ如シ。或時ハ経《きょう》ヲヨミ、陀羅尼《だらに》ヲヘンシケレハ、見ル人身ノ毛モヨタチケル」と『足利季世記』という史料に書かれている。

政元が修験道に凝っていたことは、『後慈眼院殿御記《ごじげんいんどのぎょき》』明応三年九月二十四日条に唐橋在《からはしあり》数《かず》の話が記されている。その話によると、政元は安芸国の山伏「司箭《しせん》」なる者に上洛を命じ、鞍馬寺（京都市左京区）で兵法を習った。それを世の人は、「天狗の法」だと噂していたという。「司箭」は、以後も政元に近侍した記録が見える。ただし、政元は修験道を信仰や個人的な趣味としてではなく、各地を転々とする山伏を活用し、各地の情報を得ようとしたとの指摘がある。

『足利季世記』には、政元が「四十歳ノ比マデ女人禁制」と書かれているので、四十歳を超えた時点で女性との交わりを避けなくなったと解される。また、政元は摂津国守護代を務めていた、配下の薬師寺元一《もとかず》と男色の関係にあったといわれている。元一は永正元年（一五〇四）に政元の命により自害するが、その際の辞世は「地獄には　よき我主の　あるやとて　今日おもひたつ　旅衣かな」である。「我主」は「若衆」のことを意味し、政元の男色趣味を揶揄しているとの指摘がある。

政元が生涯を独身で通した理由については、修験道に凝っていたこと、男色趣味があったことが想定される。

政変後の政元ともう二人の養子

明応の政変後、政元は守護代を山城国、大和国、河内国へ派遣し、領国化を進めた。山城国は畠山基家が守護を自称し、その配下に遊佐《ゆさ》氏がいたので、政元は赤沢朝経《あかざわともつね》を送り込んで撃退させた。そして、山城国下五郡の守護代に香西元長《こうざいもとなが》を任じたのである。以降も政元は、版図を広げることに余念がなかった。

このような状況になっても、政元の後継者問題が懸念された。先に触れたとおり、政元は後継者の候補として、九条家から澄之を養子に迎えていた。ところが、澄之は他家から招いたもので、細川氏の血筋になかったので、細川氏の内衆《うちしゅ》（家来）は後継者に相応しくないと考えた。内衆は政元の配下として支えていたので、決して無視できない存在だった。

文亀《ぶんき》三年（一五〇三）五月、政元の配下にあった薬師寺元一は、阿波国の守護で細川一族の細川成之《しげゆき》に面会し、成之の孫の澄元《すみもと》を政元の養子としてもらい受けたいと交渉した。澄元の父の義春《よしはる》は若くして亡くなったので、成之が親として育てていた。澄元は、延徳元年（一四八九）の生まれである。澄元には兄の之持《ゆきもち》がいたので、この話はスムーズにまとまった。元一は養子縁組に際して、政元の命を受けていたと考えられ、自ら主導して進めたのである。

政元には、もう一人高国《たかくに》という養子が存在した。高国は、文明十六年（一四八四）に細川政《まさ》春《はる》の子として誕生した。政春は備中国守護を務めており、かつて兄の勝之《かつゆき》（生没年不詳）は勝元（政元の父）の養子になっていた。しかし、勝元の死後、家督を継いだのは政元だった。澄之、澄元が政元の養子になった時期は明確であるが、高国に関しては不明である。

これにより、政元の養子は計三人になったのである（高国は養子候補に止まったという説もある）。

政元の最期

政元は薬師寺元一との関係が悪化したので、その勢力を削ぐべく、摂津国守護代の職を取り上げようとした。そこで、元一は政元に対抗すべく、当時、周防《すおう》国で庇護されていた反政元派の足利義稙、そして阿波細川家と連携を強めた。永正元年（一五〇四）九月、元一は赤沢朝経と協力し、政元を廃して、養子の澄元を細川京兆家の家督に据えようとした。クーデターである。政元は元一の反乱を鎮圧したが、阿波細川家との関係も悪化したので、澄之を後継者に指名し、同年十二月に元服式を執り行った。

以降、政元をめぐる政治情勢は暗転の一途をたどっていった。同年十二月、対立していた畠山尚順（政長の子）と畠山義英《よしひで》（基家の子）が和睦し、義英は反政元の立場を明確にした。永正二年（一五〇五）五月、政元は阿波細川家を討つべく、四国に軍勢を送り込んだが、讃岐国で敗北を喫した。この敗北が政元に転機をもたらした。

永正三年（一五〇六）二月、三好之長《ゆきなが》が養子の澄元とともに上洛した。政元は澄元を後継者に据えることとし、之長を自らの軍勢に加え、対立していた阿波細川家と和解したのである。ところが、政元に従っていた内衆は、之長ら阿波勢の登用を歓迎しなかった。やがて、内衆は阿波勢と対立し、政元、澄元をも排除しようとした。その結果、内衆は政元から見捨てられた澄之を推戴し、政元、澄元、阿波勢との抗争を繰り広げたのである。

永正四年（一五〇七）六月、政元は入浴中に内衆の竹田孫七、福井四郎らに襲撃されて落命した。彼らに政元の殺害を指示したのは、薬師寺元一の弟の長忠《ながただ》、香西元長といった面々である。その直後、内衆の軍勢は澄元邸を急襲し、之長ともども近江国に追いやると、澄之に細川家の家督を継がせたのである。

敗勢濃かった澄元だったが、徐々に態勢を立て直すと、政元の養子の高国のほか、細川政賢《まさかた》、細川尚春《ひさはる》らが味方として加わった。細川家一門は、九条家の流れを汲む澄之が細川京兆家の当主となることを歓迎しなかった。同年八月、澄元らの軍勢は、澄之の邸宅に攻め込み、内衆の香西元長、薬師寺長忠らとともに死に追いやったのである。こうして、澄元は晴れて政元の跡を継いだ。

その後の澄元と高国

政元と澄之の死後、残った二人の養子の澄元と高国はどうなったのだろうか。

澄元は澄之の死後に家督を継いだが、安泰は長く続かなかった。時機をほぼ同じくして、周防・長門の大内義興の庇護下にあった足利義稙が上洛するとの風聞が流れた。永正五年（一五〇八）三月、高国は義稙と通じ、突如として伊勢国に出奔した。高国は澄元の政治手腕を批判し、父の政春とともに叛旗を翻したのである。

同年四月、高国と義稙が上洛することを知った澄元は、自らの不利を悟り近江国へ下向した。引き続き、義澄も和泉国堺（大阪府堺市）へ逃れた。高国のもとには細川家の根本被官《こんぽんひかん》が集結しており、澄元に勝ち目はなかった。同年五月、義稙は高国を細川京兆家の家督に据えると、翌月に悲願の上洛を果たしたのである。同年八月、澄元は義澄の命により阿波国へ戻り、再起の機会をうかがうことになった。

永正六年（一五〇九）十月、義澄は刺客を遣わして、義稙の屋敷を襲撃した。義稙は軽傷で済んだこともあり、翌年二月に近江国に軍勢を派遣して、義澄を攻撃したのである。大将を務めたのは、細川尹賢《ただかた》（高国の従兄弟）だったが、大敗を喫して多くの被官を失った。

永正八年（一五一一）六月、澄元と細川政賢らは大軍勢を率いて、阿波国から摂津国を経由して上洛した。その際、近江国に逼塞《ひっそく》していた義澄も上洛し、ともに協力して義稙と高国を討ち果たす作戦だった。同年八月、政賢らが京都に攻め込むと、義稙と高国は戦うことなく丹波国へ逃亡したが、ここで意外なことが発覚した。

澄元と共同歩調を取るはずだった義澄は、同年八月十四日に近江国岡山（滋賀県甲賀《こうか》市）で亡くなっていたのである。義澄の死を知った義稙と高国は、ただちに反撃を開始した。同年八月二十四日の船岡山（京都市北区）の戦いで、政賢らの軍勢は高国と戦って敗れ、政賢は討ち死にした。義澄の死と船岡山の戦いの敗戦により、澄元の威勢は大きく削がれることになった。その後、しばらく澄元の姿は、史料上から消える。

こうして高国と義稙は安泰に見えたが、その綻《ほころ》びが明らかになる。永正十年（一五一三）三月、義稙は高国との関係が悪化したので、近江国甲賀（滋賀県甲賀市）に出奔したが、諸大名の執り成しによって関係は回復した。永正十五年（一五一八）一月に高国の父の政春が亡くなると、義稙とともに上洛していた大内義興が同年八月に周防国へ帰国した。高国は、意気消沈したことだろう。

澄元と高国の最期

永正十五年九月以降、雌伏の期間を過ごしていた澄元は、「打倒高国」を悲願として、諸国のさまざまな勢力との協力体制を模索した。永正十七年（一五二〇）一月、京都市中で土一揆《つちいっき》が勃発し、義稙の御所が放火された。ちょうど高国が京都を留守にしていたときだった。同年二月、高国方の越水城《こしみず》（兵庫県西宮市）が落とされ、高国方の不利が明らかとなった。その後、高国は近江国坂本（滋賀県大津市）へと逃亡した。

同年二月、澄元は義稙に詫びを入れた。その翌月には、澄元の配下の三好之長が上洛したこともあり、義稙は澄元を細川京兆家の家督にすることを承認した。この直後、高国は近江国守護の六角氏の支援を得て、ただちに巻き返しを図って上洛を果たしたのである。高国が京都に攻め込んできたので、澄元は京都から脱出した。ところが、之長は高国の軍勢に捕らえられ、知恩院（京都市左京区）で自害して果てた。同年六月十日、高国に敗れた澄元は、失意のうちに病没したのである。

澄元が亡くなったので、義稙は高国を頼ることになった。しかし、義稙は高国の横暴に耐えられなかったのか、和泉国堺に出奔し、さらに阿波国へ落ち延びた。そこで、大永《だいえい》元年七月、高国は足利義晴《よしはる》（義澄の子）を新将軍に擁立したのである。高国と義晴との関係は、比較的良好だったという。

大永六年（一五二六）七月、高国は細川尹賢の讒言《ざんげん》を信じて、配下の香西元盛《もともり》を殺害した。これにより、波多野稙通《たねみち》（元盛の兄）と柳本賢治《かたはる》（元盛の弟）の兄弟は、高国に対して兵を挙げた。この動きに呼応するかの如く、細川六郎（澄元の子。のちの晴元）の配下の三好勝《かつ》長《なが》・政長が阿波国から和泉国堺へ渡海し、そのまま京都に侵攻した。不利を悟った高国は、大永七年（一五二七）二月に義晴とともに近江国に逃れたのである。

このとき、三好元長（之長の孫）が足利義維《よしつな》（義澄の子。養父は義稙）と細川晴元（澄元の子）を擁立し、堺に「堺幕府」を樹立したのである。翌享禄《きょうろく》元年（一五二八）十月、高国は義晴とともに上洛し、元長と和睦交渉を行うが失敗し、再び近江国へ戻った。その後の高国は、赤松政村（のちの晴政）の配下の浦上村宗《うらがみむらむね》の支援を得て、巻き返しを図ろうとした。

享禄四年（一五三一）六月、高国は摂津国天王寺（大阪市天王寺区）で三好元長らの軍勢に敗れた。高国は村宗と政村の支援もあったが、政村は父の敵である村宗を討つべく、元長の軍勢に内応することを決めていた。そのことが高国の敗因だった。敗れた高国は大物《だいもつ》（兵庫県尼崎市）まで逃れ、広徳寺《こうとくじ》で自害したのである。

上杉謙信とは

享禄三年（一五三〇）、上杉謙信《けんしん》は長尾為景《ためかげ》の子として誕生した。幼名は虎千代で、その後は景虎《かげとら》、政虎《まさとら》、輝虎《てるとら》と改名するが、煩雑になるので「謙信」で統一する。

謙信には晴景《はるかげ》という兄がおり、天文五年（一五三六）に長尾家の家督を継いだ。謙信は嫡男ではなかったので、当初から家督を継ぐとは考えられていなかった。そのような事情から、謙信は林泉寺《りんせんじ》（新潟県上越市）に入り、天室光育《てんしつこういく》のもとで修行したのである。天文十二年（一五四三）に謙信は還俗すると、元服して景虎と名乗った。

その翌年、越後の国衆が晴景に対して反乱を起こした。その際、謙信は晴景を助けて、初陣にもかかわらず越後の国衆を撃退した（栃尾城の戦い）。この勝利により、謙信の評価が高まった。天文十四年（一五四五）、今度は越後を支配していた上杉定実《さだざね》の家臣・黒田秀忠《ひでただ》が晴景に挙兵した。しかも秀忠は、謙信を擁立する形で、晴景に戦いを挑んだのである。やがて、この戦いは越後の国衆を巻き込み、謙信派と晴景派に分かれて争った。

天文十七年（一五四八）、定実の仲介もあって、晴景は謙信を養子に迎えたうえで、長尾家の家督を譲ったのである。こうして謙信は、春日山城（新潟県上越市）に入った。その二年後、定実が後継者を残さず死去したので、ときの将軍の足利義輝《よしてる》は謙信を事実上の越後の国主に定めた。同年、上田長尾氏の長尾政景《まさかげ》が謙信の家督相続に異議を唱えて挙兵したが、翌年には鎮圧することに成功した。政景は謙信に従うことになり、越後は統一されたのである。

苦労の末に、謙信は有力な戦国大名の一人に数えられるようになった。では、謙信とはいかなる人物なのだろうか。

謙信は伝統や権威を重視し、熱心に毘沙門天《びしゃもんてん》を信仰する一面があった。しかも性格は、潔癖かつ実直であったという。それだけではない。養子の景勝《かげかつ》に習字の手本を与えたり、和歌などの文芸にも通じたりしているなど、心優しく教養ある人物であったといわれている。非のうちどころがないとでもいえようか。

一言で言うならば、謙信は伝統を重んじるタイプの人間といえるかもしれない。朝廷との接触や室町

◎上杉家略系図

(長尾)為景――謙信＝景虎(北条氏康の子)
　　　　　　　　　＝景勝(長尾政景の子)
　　　　　　　　　＝景国(村上義清の子)
　　　　　　　　　＝義春(畠山義続の子)

※＝は養子

幕府の将軍の支援を試みたのは、そうした生真面目かつ伝統的権威を重んじる性格によるものと考えられる。ただし、武田氏が信濃国に侵攻した際、北信濃の豪族から支援を請われた。要請に応じたのは、謙信の「義」を重んじる精神が発露したものといわれているが、それは疑わしい。実際はそれが自身の利益になると考えたからで、大名としての強さを兼ね備えていた。

子がいなかった謙信

謙信には大きな問題があった。それは生涯にわたり妻を娶らず、独身を貫いたことである（生涯不犯《ふぼん》）。謙信が女性だったという俗説があるのは、彼が独身のままで亡くなったからだろう。実際にはありえない話で、事実無根の妄説に過ぎない。家の後継者たる子がいないというのは、当時の戦国大名にとって、実に由々しき問題だった。それは上杉家、つまり謙信にとってもまったく同じである。

それゆえ謙信は、四人もの養子（畠山義春《よしはる》、山浦景国《かげくに》、景虎、景勝）を抱えていた。実子がいない以上、養子を迎えることは止むを得ない措置だったが、この方針はのちの大きな憂いとなった。

四人の養子のうち、景虎と景勝はのちほど紹介するとして、先にほかの二人を簡単に紹介しておこう。畠山義春は義続《よしつぐ》の子として、永禄六年（一五六三）に誕生した（生年には諸説あり）。父の義続は家中の統制がうまくいかず、支配していた能登国内は常に混乱していた。永禄九年（一五六六）、家臣らが畠山義慶《よしのり》（義綱の子で、義続の孫）を擁立し叛旗を翻すと、義続は近江国坂本（滋賀県大津市）へと逃れた。その二年後、義続は子の義綱とともに能登奪還を目論むが失敗。義続は、失意のうちに天正《てんしょう》十八年（一五九〇）に没した。義綱のその後の動向は不明であるが、文禄《ぶんろく》三年（一五九四）に亡くなったとされる。

天正四年（一五七六）から翌年にかけて、謙信は七尾城（石川県七尾市）に籠る畠山氏を攻撃し、落とすことに成功した。戦後、義春は上杉氏一門の上条政繁《じょうじょうまさしげ》に預けられ、のちに謙信の養子として迎えられた。義春は足利氏と同族の名門だったが、謙信の後継者の候補になった形跡はない。以降の義春の処遇を見ると、能登・越中の両国の押さえを期待されたのかもしれない。謙信の没後、景虎が跡を継ぐと従ったが、のちに政繁とともに上杉家から出奔し、豊臣家に仕えた。亡くなったのは、寛永《かんえい》二十年（一六四三）のことである。

山浦景国は、天文十五年（一五四六）に信濃国の村上義清《よしきよ》の子として誕生した。天文二十二年（一五五三）、武田信玄が信濃国に侵攻すると、義清は景国とともに謙信のもとに逃亡した。

その後、景国は謙信の養女を妻に迎え、養子になったのである。当時、山浦上杉氏は断絶していたので、景国は謙信の命により、その名跡を継いだ。

以降、景国は謙信に従って各地を転戦し、謙信の没後は家督を継いだ景勝に仕え、海津《かいづ》城（長野市）主となった。しかし、景国は他家との内通を疑われ、根知《ねち》城（新潟県糸魚川市）主に配置転換される。やがて、景国の家臣団は解体され、不遇のうちに文禄元年（一五九二）に亡くなったのである。

四人の養子のうち、やはり注目すべきは景虎と景勝の二人だろう。それは、この二人が謙信の有力な後継者と目されていたからである。いったい二人は、どのような経歴を持つ人物なのだろうか。

景虎と景勝

最初に取り上げるのは景虎である。天文二十三年（一五五四）、景虎は小田原城主の北条氏《うじ》康《やす》の七男として生を受けた。母は遠山康光《やすみつ》の妹で、景勝よりも一歳年長である。幼い頃は喝食《かっしき》の僧として「出西堂」と名乗り、早雲寺《そううん》（神奈川県箱根町。北条早雲＝伊勢宗瑞《そうずい》の菩提寺）に預けられていたという。七男だったので家督を継ぐ可能性は低く、そのままの生活を続けていれば、僧侶として生涯を過ごしたと考えられる。

その後、景虎は武田信玄の養子となり氏秀《うじひで》と名乗った。ところが、元亀元年（一五七〇）に謙信と氏康の間で締結された越相同盟により、謙信の養子に迎えられ、景虎と名乗ったのである。謙信はかつて自身が名乗った景虎という名前を与えたことから、関東管領職を継がせようとしたといわれている。

こうして景虎は長尾政景の娘と結婚し、謙信の養子になった。景虎には、ほかに二人の妻がおり、その一人が北条幻庵《げんあん》（伊勢宗瑞の子）の娘だった。もう一人が北条氏の家臣の遠山康光の娘である。このような婚姻関係を考慮すると、謙信は景虎を迎えるにあたって、単に後継者の候補としてだけではなく、北条氏との強い関係を築こうとしたのは明らかである。

もう一人の養子は、景勝である。景勝が坂戸《さかど》城（新潟県南魚沼市）主・長尾政景の次男として誕生したのは、弘治《こうじ》元年（一五五五）である。母は、長尾為景の娘（謙信の姉）だった。幼名は卯松、のちに顕景《あきかげ》、景勝と名乗っている（以下、景勝で統一）。家系を見る限り、幼い謙信とはもっとも近しい関係にあったといえる。

しかし、幼い景勝に大きな不幸が襲った。永禄七年（一五六四）、政景が酒に酔って池に飛び込み、溺死するという事件が起こる。政景の亡くなった理由については、ほかにも宇佐美定満《さだみつ》が暗殺したとの説もあり、不明な点が多い。いずれにしても、その死には不審な点があったようである。父の死後、景勝は謙信の養子に迎えられた。この措置により、上田長尾家を継ぐ者がいなくなったため（長男・義景は夭折）、その長い歴史に幕を閉じたのである。

景勝も厚い期待をもって、謙信に迎えられた。天正三年（一五七五）、景勝は弾正少弼《だんじょうしょうひつ》に任じられた。この官途は、謙信が天文二十一年（一五五二）に後奈良天皇から与えられたものと同じである。改めて、謙信が景勝に上杉家の将来を託していたことを確認できよう。『上杉家軍役帳』という史料によると、景勝は「御中城様」の名で上杉家中の筆頭の地位にあったことがわかる。後述するとおり、謙信が景勝に越後国主を任せようとしたという説があるが、その根拠とされている。

このように謙信は四人の男子を養子に迎え、将来の家督を誰に継がせるのか考えていたはずだが、かえってこれが紛争の種になった。

謙信の死と家督相続問題

一見して順風満帆な上杉家だったが、天正六年(一五七八)三月十三日に大黒柱の謙信が亡くなると、事態は一変する。謙信は大遠征を計画していたが、志半ばにして倒れた。謙信が上洛を志向していたのか否かは、今となっては不明である。死因は、脳溢血だったと考えられている。四十九歳だった。大黒柱の謙信が亡くなったので、残された上杉家中は激しく動揺した。それは、景虎も景勝も同じだろう。

問題は死に際し、謙信が後継者を誰にするのかについて、遺言を一切残さなかったことである。その理由は、明確にわかっていない。あるいは自身の没後、上杉家中での決定に従って、新当主が選ばれることを期待したのであろうか。家督を決定する際、当主の意向だけで決まらないことは、よくあることである。特に、謙信の場合は、実子がいなかったのだからなおさらだろう。下手をすれば家中が二つに割れて、それぞれが後継者候補を擁立し、争うことも珍しくなかった。

ある研究によると、謙信は景勝に越後国主を任せ、景虎に関東管領職を任せるという「二頭体制」を計画していたという。将来に禍根を残さないためと推測される。ただ、現段階において、それらの説を裏付ける有力な根拠はない。そもそも当時の関東管領職は単なる名誉職に過ぎず、任されたところで意味はまったくなかった。

謙信の家督後継者問題は、そもそも一筋縄ではいかなかったに違いない。それは、景虎と景勝を支える、周囲の顔ぶれ（上杉氏の家臣団など）によって左右されたからである。やがて、家督をめぐる混乱は、御館《おたて》の乱という戦いへと進展した。それは、景虎と景勝が雌雄を決する命懸けの戦いであった。

御館の乱の勃発

こうした経緯を踏まえて、謙信の死後の天正六年（一五七八）三月に御館の乱が勃発した。御館の乱の「御館」とは、現在の上越市五智に所在した上杉憲政《のりまさ》の居館のことである。現在では完全に市街地化しており、当時の面影はないが、御館公園として整備されている。乱がはじまると、景虎は春日山城（新潟県上越市）を脱出し、ここを本拠にして戦ったのである。

景虎と景勝が対決することになり、上杉家中は二分された。同時に、周辺の大名の動きが活発化した。景勝に与《くみ》したのは、謙信の側近層や揚北《あげきた》衆（下越地方の国人衆）である。とりわけ謙信の重臣クラスが加わったのが注目される。上杉一族のうち景勝に与したのは、上条上杉氏だけだった。

一方の景虎には、前関東管領の上杉憲政をはじめとする上杉氏一門、そして北条氏、武田氏らが加勢した。北条氏康は景虎の実父であり、北条氏と武田氏は同盟を結んでいた。ほかに中越の国人衆である本庄、神余《かなまり》、北条《きたじょう》の各氏が加わった。一見すれば、有力な大名の北条氏、武田氏が味方した景虎のほうが有利だった。

二人の支援者を見る限り、先述した景勝＝越後国主、景虎＝関東管領という色分けになったように思えるが、実際に越後国内は二分されていた。景虎＝関東管領というのは、単に前関東管領・上杉憲政をはじめとする上杉氏一門が味方したからに過ぎない。勝敗の帰趨を握っていたのは、北条氏、武田氏だった。

御館の乱はどのような経緯で進んだのであろうか。

先制攻撃を仕掛けたのは、景勝のほうだった。天正六年（一五七八）三月十五日、景勝は謙信の遺命であると称して、景虎が籠る春日山城の本丸を占拠したのである。謙信の死の二日後のことだった。その際、景勝は金蔵と兵器蔵を押さえ、戦いを有利に進めた。資金と武器を押さえたのだから、景勝の先制攻撃は功を奏したといえる。

それだけではない。景勝は自らが上杉家の後継者であることを対外的に示すため、各地の大名たちに書状を送った。景勝は家中の奉行人らを掌握していたので、ただちに行動を起こしたのである。二人が最初に戦ったのは、五月五日のことである。その後、景虎は妻子を連れて春日山城を退去し、御館に逃れて態勢を立て直そうとした。

五月十六日、景虎方の軍勢が春日山城下に火を放つと、両者の攻防は激化した。こうした状況下において、景虎に援助の手を差し伸べたのが実兄の北条氏政《うじまさ》である。氏政は妹の夫である武田勝頼《かつより》に景虎への支援を要請すると、勝頼は二万の軍勢を率いて救援に駆けつけた。やはり、両者の同盟関係は強固なものがあった。

氏政と勝頼が景虎を支援することにより、景勝の形勢は不利になったといえよう。ここで景勝は一計を案じ、勝頼と和睦を結ぼうとした。その条件は金蔵の五百両と東上野《こうずけ》（群馬県東部）を割譲し、勝頼の妹・菊姫を景勝が妻として娶るというものだった。当初、勝頼は景虎を支援する予定だったが、景勝の条件を受け入れ、和睦に応じることを決意する。その背景には、いかなる事情があったのだろうか。

天正三年（一五七五）、勝頼は長篠合戦で織田信長・徳川家康の連合軍に敗北を喫し、衰退の兆しを見せていた。敗北の影響は大きく、滅亡こそ免れたものの、家臣団の不満は鬱積し、領土の拡大政策もストップせざるを得なかった。それゆえ、勝頼は氏政の妹を妻に迎えるなどし、北条氏との関係を深めたのである。

苦境に喘ぐ勝頼にとって、景勝から金品と東上野を提供するとの申し出は大変な好条件だった。家臣の不満を静めるには、景勝からの和睦の申し出を受け入れるより、ほかの選択肢はなかった。ところが、勝頼は景虎と氏政への配慮から、その後も積極的に景勝へ加担したわけではない。むしろ中立的な立場を保ったのである。

景勝と景虎は戦いを継続したが、六月になって勝頼の尽力により、景勝と景虎は和睦を結んだ。景勝はお礼として、勝頼に太刀や馬を贈ったが、この和議はまもなく破れ、勝頼は八月に帰国の途についたのである。勝頼が帰国したのには理由があった。八月二十二日に徳川家康が駿河の武田領に侵攻したため、事態の収拾に赴かなければならなかったのである。以後、再び景勝と景虎が和睦することはなかった。

景勝の反撃

天正六年(一五七八)九月になると、景虎を支援すべく、実兄の北条氏照《うじてる》・氏邦《うじくに》が越後に出陣した。対する景勝には勝頼が与し、越後国内で一進一退の攻防が年内にわたって繰り広げられたのである。勝頼が景勝に味方したのは、勝頼の妹・菊姫を景勝の妻として送ったからであり、軍事同盟を結んだ証でもあった。二人が互いに手を取り合ったのは、勝頼が信長へ対抗するための措置であったといわれている。婚姻によって、両者の関係は強くなった。

一方の景虎は兵糧不足に悩まされ、厳しい戦いを強いられていた。年が明けた天正七年（一五七九）、景勝は景虎に猛攻撃を仕掛け、景虎を窮地に追い詰めた。二月一日、景勝が大軍で御館を攻撃すると、周辺は火の海となり、安国寺や至徳寺などの名刹も焼け落ちた。このとき、景虎方の樺沢城《かばのさわ》（新潟県南魚沼市）も奪われている。この季節の越後国は雪が多く、北条氏は不慣れな戦いを余儀なくされたので、景虎に十分な支援ができなかった。

二月十七日には、景勝配下の上野氏が景虎方の島の塁を攻撃したので、御館へ通じる食糧の搬送ルートを遮断することに成功した。やがて、御館周辺の景虎方の諸城は次々と攻略され、孤立を余儀なくされた。こうして三月十七日、御館は景勝が率いる軍勢の激しい攻撃を受け、ついに落城したのである。

窮地に追い込まれた景虎は、子の道満丸《どうまんまる》を上杉憲政に送ると、憲政を通して景勝と和平交渉を行い、事態の打開を図ろうとした。しかし、二人が四ツ屋（新潟県上越市）にたどり着いたところで、景勝の兵が憲政と道満丸を殺害したのである。この一報を聞いた景虎は、兄の氏政がいる小田原城（神奈川県小田原市）を目指して逃亡した。三月二十四日、景虎は途中で鮫ヶ尾城（新潟県妙高市）の堀江宗親《むねちか》を頼ったが、宗親にも裏切られて自害したのである。

このとき景虎はまだ二十六歳。あまりに早い死であった。

なぜ、景勝は投降した道満丸らを殺害したのであろうか。この時点において、もはや景虎の敗勢は濃かったが、道満丸は北条氏の血縁に連なるだけでなく、上杉家の名跡を継いでいる。いうなれば、二つの名家に通じる優れた血を引いていた。このことは景勝にとって、二人を生かしておくわけにはいかない最大の理由になった。

のちに道満丸が自立したとき、北条氏の支援を受け、景勝に対して反撃する可能性も否定できないだろう。北条氏には、同盟を結ぶ有力な諸大名が多数いたので、大挙して景勝に戦いを挑んでくると、敗北は必至である。また、関東管領上杉氏の名跡は単なる名誉職とはいえ、いまだ権威を持っていた。

そのように考えるならば、景勝は景虎・道満丸という不安な要素を取り除いたほうが無難だと考えたのだろう。二人を生かしたところで、もはや何の意味もなかった。景勝の現実を見据えた、冷徹な判断だったといえる。

戦後処理とその後

景勝は景虎を討ったものの、乱はこれで終結しなかった。越後国内では反対勢力との戦いが止まず、景勝は天正八年（一五八〇）四月に本庄秀綱《ひでつな》の栃尾城（新潟県長岡市）を、同年七月に神余親綱《かなまりちかつな》の三条城（新潟県三条市）を落とした。翌天正九年（一五八一）二月に北条輔広《きたじょうすけひろ》の北条《きたじょう》城（新潟県柏崎市）を攻略することで、三年にわたる越後統一戦争がようやく終結したのである。

一連の戦いをもって、実質的な御館の乱が終わり、景勝は新たな家臣団を再編することで、越後の支配を進めたのである。残ったのは、景勝に忠誠を誓う精鋭の家臣のみであった。とりわけ、直江兼続《かねつぐ》は上杉家中の中心として、指導的な役割を果たした。こうして、景勝の家臣団は反対派を粛清することで再編され、強固になったのである。

しかし、これで万々歳というわけにはいかなかった。先述のとおり、景勝は武田勝頼の姻戚関係にあった。また謙信の代から本願寺と同盟を結んでいたので、必然的に織田信長と敵対していた。以後の景勝は、信長との戦いに忙殺されることになる。いうまでもないが、当時の信長の勢力は各地に及んでおり、北陸方面も例外ではなかった。

景勝が対応に苦慮したのは、下越の新発田《しばた》重家《しげいえ》の扱いである。もともと重家は景勝に従って行動していたが、恩賞などの問題をめぐって対立し、やがて信長に与することになった。それだけでなく、越後統一を成し遂げた天正九年（一五八一）になると、越中から佐々成政《さっさなりまさ》が軍勢を率いて越後に侵攻し、その翌年には上野の滝川一益《かずます》や北信濃の森長可《ながよし》にも相次いで攻撃を受けた。さらに天正十年（一五八二）三月、盟友の武田勝頼が信長により滅亡に追い込まれ、景勝は大きな危機に立たされたのである。

ところが、景勝の危機は、見事なまでに回避された。同年六月に勃発した本能寺の変によって、信長は明智光秀により謀殺されたのである。当時、景勝は信長方の柴田勝家と対峙しており、苦戦を強いられていた。しかし、勝家は、信長死後の後継者問題の件もあったので、ただちに上洛せざるを得なくなった。

その後の武田氏遺領をめぐる戦いでは、北信濃四郡の割譲を条件にして、景勝は北条氏《うじ》直《なお》と和睦したが、決して楽観視はできなかった。相変わらず新発田重家とは交戦状態が続いており、翌年八月の放生橋の戦いでは敗北を喫したのである。景勝が重家を滅亡に追い込んだのは、天正十五年（一五八七）のことだった。

この章の主要参考文献

今福匡『「東国の雄」上杉景勝』(KADOKAWA、二〇二一年)
金子拓男「長尾喜平次の養子入りと上杉景勝の家督相続」(『越佐研究』六七号、二〇一〇年)
末柄豊「細川氏の同族連合体制の解体と畿内領国化」(石井進編『中世の法と政治』吉川弘文館、一九九二年)
末柄豊「細川政元と修験道 ―司箭院興仙を中心に―」(『遙かなる中世』一二号、一九九二年)
日本史史料研究会監修、平野明夫編『室町幕府全将軍・管領列伝』(星海社新書、二〇一八年)のうち「細川政元」「細川澄元」「細川高国」の項目
森田恭二『戦国期歴代細川氏の研究』(和泉書院、一九九四年)

第二章　親子で主導権を争ったケース

武田信虎・信玄父子
斎藤道三・義龍父子

親子で争う事例

戦国時代において、親子が主導権を争うことが珍しくなかった。たいていの場合は、子が親に戦いを挑んでいる。むろん、それには理由があった。

親子が争った例については、後世に成った書物に書かれていることが多い。もっとも多いのは、親が悪政を行ったので、子が親から主導権を奪い、家督を継ごうとしたケースである。その際、親が当主として、いかに悪政を行ったかが詳しく書き連ねられていることが多いが、それは事実として認めていいのだろうか。

当時、いかに親が悪政を行ったとはいえ、子が成り代わることは決して容易でなかった。しかし、その悪行が度を越えていると、話は別だった。無能な当主は、放逐されて然るべきなのである。そのような事情があるのか、無能な当主の悪行は、ありえないような荒唐無稽なことまで書かれている。

ここでは甲斐武田氏と美濃斎藤氏の例を挙げたが、やはり荒唐無稽な逸話が少なからずあるので検証し、親子で争った理由を考えてみよう。

武田信玄とは

武田信玄《しんげん》（初名・晴信《はるのぶ》）といえば、人気の高い戦国大名の一人である。よく知られた人物ではあるが、改めて経歴を確認しておこう。

信玄が誕生したのは、大永元年（一五二一）十一月三日のことで、父は信虎《のぶとら》、母は大井信達《のぶさと》の娘である。幼名は太郎で、天文五年（一五三六）に元服して晴信（以下、よく知られた法名の「信玄」で統一）と名乗り、同時に公家の三条公頼《きんより》の娘を妻とした。ちなみに晴信という名は、ときの将軍・足利義晴《よしはる》の偏諱《へんき》を与えられたものである。信玄とは法名であり、永禄二年（一五五九）に出家した。

信玄が台頭するきっかけとなったのは、天文十年（一五四一）に父の信虎を追放した事件である。信玄は父に代わり武田家の家督を継承すると、周辺諸国へと侵攻を開始した。中でも上杉謙信と交戦した川中島の戦いでは、幾多の名勝負を繰り広げた。信玄は謙信だけでなく、北条、今川、織田、徳川といった諸大名とも覇を競った。しかし、元亀四年（一五七三）四月十二日、上洛を目指す途中で、無念にも志半ばにして信濃駒場《こまんば》（長野県阿智村）で病没した。享年五十三。

信玄という人物は、どのように評価されているのだろうか。信玄は和歌や連歌などの教養に優れており、禅学、儒学、兵学にも通じていたという。天文十六年（一五四七）には、分国法として著名な「甲州《こうしゅう》法度《はっと》之次第《のしだい》」を制定した。信玄堤で知られるような治水工事をはじめ、交通路や城下町の整備、新田開発など善政を敷いたといわれている。一代でもって、戦国最強の大名にのし上がったのである。

◎武田氏略系図

信虎――信玄（晴信）┬義信
　　　　　　　　　└勝頼

評判の高い信玄にして、その生涯には汚点がある。一つは、先述した天文十年の父・信虎の追放である。もう一つは、永禄十年（一五六七）八月、信玄が嫡男の義信に自害を命じた一件である。ともに未だ真相について不明な点が多い。以下、二つの事件のうち、信虎追放事件について考えてみたい。

父・信虎とは

信玄の父・信虎は、実に謎多い人物である。信虎は、甲斐国守護・武田信縄《のぶつな》の長男として誕生した。初名は、信直《のぶなお》（以下、「信虎」で統一）という。信虎と名を改めたのは、大永元年（一五二一）のことである。生年は明応三年（一四九四）とされてきたが、明応七年（一四九八）

説もある。信虎が家督を継いだのは、永正四年（一五〇七）のことであった。

信縄から信虎への家督継承は円滑に進まず、信虎は油川信恵《のぶさと》（信縄の弟）と家督の座をめぐって争った。信虎が信恵を倒し、勝利したのは永正五年（一五〇八）十月のことである。引き続き信虎は都留郡（山梨県東部）に本拠を置く小山田氏を攻撃するが、永正七年（一五一〇）に姉を小山田信有《のぶあり》に嫁がせることにより和を結んだ。

信虎が最初に本拠を置いた石和《いさわ》（山梨県笛吹市）は、平地という事情もあり、たびたび水害があったという。加えて平地では、敵からの攻撃に弱いことがネックとなった。そのような事情から、永正十六年（一五一九）、信虎は本拠を石和から躑躅ヶ崎《つつじがさき》（山梨県甲府市）に移した。そして、城下に家臣を集住させ、城下町を形成した。これが、現在の甲府市の原形である。

信虎は天文元年（一五三二）までに甲斐国内の敵対勢力を撃退し、統一を完了した。甲斐国内では印判状を用い、領国の支配体制を堅固なものにした。いうなれば、武田氏の中興の祖というべき人物でもある。信虎は版図の拡大という野心を持っており、相模、駿河、信濃へ出兵する機会をうかがっていた。

信虎は勢いに乗じて、大永七年（一五二七）に信濃佐久郡（長野県東部）へ、天文五年（一五三六）に今川氏の家督争いに乗じて駿河へとそれぞれ出兵した。その後、信虎は今川義元に娘を嫁がせ、さらに天文九年（一五四〇）には諏訪頼重《よりしげ》に娘を嫁がせると、婚姻を通じて同盟関係を結んだのである。

後述するとおり、天文十年（一五四一）に武田氏の家臣は信玄を擁立し、信虎を駿河今川氏のもとへ追放した。その理由はのちほど検討するが、以後の信虎は悲惨な運命をたどった。甲斐を追放された信虎は、駿河と京都を往来する生活を送ったといわれている。上洛した信虎は将軍足利義輝の相伴《しょうばん》衆となり、天正二年（一五七四）に信濃高遠《たかとお》（長野県伊那市）で八十一歳の長い生涯を終えた。ついに、故国の土は踏めなかったのである。

信虎の評価

近年、専門家の間では信虎を評価する声も高いが、相変わらず一般的には悪評のほうが有名である。『甲陽軍鑑』には、信虎はかわいがっていた猿を家臣に殺されたので、家臣を手討ちにしたと書かれている。同史料では、これを称して「ひとかたならぬ狂気の人」と信虎の人間性を低く評価している。

それだけではない。信虎追放事件を記す後世の史料では、「余りに悪行を成らせ候間」（『勝山記』）、「信虎平生悪逆無道なり。国中の人民、牛馬、畜類とも愁《うれ》い悩む」（『塩山向嶽禅菴《えんざんこうがくぜんあん》小年代記』）

と口を揃えて評価は手厳しい。ただ、こうした史料は後世になって、信虎を貶めるため、都合よく書き換えられた可能性を否定できない。信玄が信虎を追放し、自らが武田家の家督を継いだことを正当化しようとした可能性もある。

甲斐統一を成し遂げ、支配権を確立した名君・信虎。悪逆無道で「狂気の人」と称された信虎。果たしていずれの人物像が実像に近いのであろうか。以上の点を踏まえて、信玄による「信虎追放事件」について考えることにしよう。

信虎は悪人だったのか

天文十年（一五四一）六月十四日、信濃国から本国に帰国した信虎は、娘婿である今川義元と面会するため駿河国に赴いた。ところが、信玄は甲斐国と駿河国の国境を封鎖し、信虎が帰国できないようにした。行き場を失った信虎は、義元のもとでの生活を余儀なくされる。こうして信玄は譜代の家臣の支持を受け、父の代わりに武田家の当主の座に就いたのである。以上の流れが、信虎追放事件の概略である。

信虎が追放された理由は、おおむね次の五つに集約される。

①信虎が悪逆無道であったため、領国支配に失敗した。
②今川義元と信玄による共謀。
③信虎と信玄の合意に基づき義元を謀ろうとした。
④信虎のワンマン体制に反対し、信玄と家臣が結託して謀反を起こした。
⑤対外政策をめぐって、信虎と家臣団が対立した。

もっとも理由が明快な①説を検討することにしよう。『勝山記』には、「この年（天文十年）六月十四日に武田大夫様（信玄）、親の信虎を駿河国へ押し越し御申し候、（中略）信虎出家めされ候て駿河に御座候」と書かれている。

この記事によると、信玄に追放された信虎は、駿河国で出家したらしい。しかし、実際に信虎が出家したのは、復権を断念した天文十二年（一五四三）頃といわれ、法名は無人斎道有である。信虎が追放された理由は、先に触れたとおり「悪行」であった。信虎が出家をしたというのは、甲斐での復権を断念したということになろう。

同じく『塩山向嶽禅菴小年代記』には、「辛丑（天文十年）六月中旬（信虎が）駿府に行く。晴信、万民の愁いを済まさんと欲し、足軽を河内境（甲斐と駿河を結ぶ街道）に出し、その帰り道を断ち、（信玄が）即位して国を保つ」とある。駿河国から甲斐国に至る道が封鎖されたので、信虎は帰国できなくなった。その直後、信玄は武田家の当主の座に就いたのだ。

すでに述べたとおり、信虎は悪逆無道の人物であったため、信玄が民衆らの期待に応えて、信虎を放逐したということになろう。『塩山向嶽禅菴小年代記』には、このあとに続けて甲斐の民衆は大いに喜んだと記されている。つまり、信玄は悪政を行った信虎を追放し、自らが後継者となったのである。

信虎の悪行説は非常にわかりやすいが、その反面あまりに理由が単純すぎて、かえって真実味に欠ける側面がある。信虎はかわいがっていた猿を家臣に殺されたので、その家臣を手討ちにしたという話まである。悪行説は、信玄が信虎を追放した理由を民衆の感情に押し付けた印象が強い。さらに、民衆の期待に応えて信虎を追放したというストーリーは、信玄の正当性を担保するための後世の配慮のように思えなくもない。本当に信虎は、悪逆無道な男だったのか。

他の説はどうなのか。②説は『甲陽軍鑑』に記載されているが、いささか荒唐無稽であり、現実味に欠ける。そもそも信虎は嫡男の信玄を嫌悪しており、次男の信繁《のぶしげ》に家督を継がせようとしていたという。信玄は、下手をすれば廃嫡の危機にあったといわれている。

②説には、親子不和の逸話が影響しているのか。仮に、信玄が今川氏と共謀していたならば、信虎を殺害するのが妥当だろう。

③説は『甲斐国志』に載る説であるが、その後の情勢を勘案すると、決して首肯できるものではない。荒唐無稽である。信玄が義元を陥れようとするならば、すぐに駿河国に攻め込むなり、あるいはのちに信虎の帰還を認めるなり、何らかの措置をするはずである。その後の動きを勘案すると、②③のような陰謀説は、創作性が高いように感じられてならない。②③の説はおもしろいが、退けるべきだろう。

現実味がある信虎と国人《こくじん》・家臣との確執

その点で、④⑤の説は、現実性の高い見解であると考えられる。

そもそも信虎配下の国人たちは、それぞれが自立性が高く、決して完全な配下にあったわけではない。いうなれば緩やかな同盟関係といえよう。つまり、信虎の態度如何によっては、離反する可能性が高かったのである。それは武田氏だけではなく、ほかの大名も似たような環境にあった。

戦国時代において、家臣が当主とは別人（兄弟や子）を擁立し、当主を追放する例は少なからずあった。大名家中における家臣団の意向なりは、かなり尊重されたのである。一般的にいえば、新しい当主を定めるときは、家臣の合意が必要だったのだ。家臣の意向に反して、希望していなかった人物が当主に擁立されると、家中が二分し対立することも決して珍しくなかった。

当時、信虎は領土拡大策を採用しており、国人たちは従軍を余儀なくされた。その軍事的な負担は、当然ながら国人の肩に重くのしかかってくる。同時に、信虎による棟別銭《むなべちせん》（家屋にかかる税金）の賦課《ふか》なども、国人にとって不満の種であった。当主が国人・家臣らの信頼を失うと、たちまち窮地に陥ることも珍しくなく、国人や家臣の心は徐々に信虎から離れていったのである。

信玄が単に「父憎し」という思いから、単独で行動を起こすことは考えにくい。いかに今川家と姻戚関係にあるとはいえ、義元と結託するのも現実的ではないであろう。家督をめぐる問題は、あくまで武田家の問題であるが、信玄の一存では決めかねる重大な問題であり、家臣の意向も重要だった。

結論を言えば、信虎に不満を持つ国人・家臣らの突き上げにより、信玄が父を追放せざるを得なかったというのが実情ではなかったか。実際には、信玄が国人・家臣に推戴され、父を今川家に追いやったといえよう。いかに信玄とはいえ、国人・家臣らの支持がなければ、信虎の追放劇は成功しなかった。

信虎の追放劇は、信玄にとって生涯の汚点となった。ライバルの上杉謙信が弥彦《やひこ》神社（新潟県弥彦村）や武水別《たけみずわけ》神社（長野県千曲市）に捧げた願文には、信玄が実父の信虎を追放したことは人倫に背くことであると記されており、手厳しく非難された。信玄には信虎追放の理由があったに違いないが、それは一切考慮されなかったのだ。

しかし、信虎を追放することによって、武田家中はいっそう連帯感を強め、さらに発展を遂げた。信玄の判断は、正しかったのである。

斎藤道三《どうさん》とは

斎藤道三は「美濃の蝮」と恐れられ、一介の油商人から身を起こしたといわれてきたが、現在では俗説として退けられている。以下、『美濃国諸旧記』などによって、道三の出自を検討することにしよう。

道三の生年ははっきりしておらず、明応三年（一四九四）、永正元年（一五〇四）といった説がある。生誕地に関しても諸説あり、謎が多い。道三の父は、西岡（京都市西京区・向日市・長岡京市にまたがる地域）の住人で、名は松波左近将監基宗《さこんしょうげんもとむね》といった。道三の幼名は峰丸で、十一歳のときに妙覚寺《みょうがくじ》（京都市上京区）の僧侶となり、法蓮房と名乗ったという。

成長した道三は、還俗して松波庄五郎と名乗った。その後、油商人を生業《なりわい》とすると、油問屋の奈良屋又兵衛の娘を妻とした。道三は山崎屋という屋号で油の商売をし、大成功を収めていた。道三は店舗を構えるのではなく、行商をしていた。当時の商売のスタイルは、行商が主流でもあった。

道三の油の売り方については、有名な逸話が残っている。普通、油を注ぐ際は、器から漏れないように漏斗《ろうと》を用いて壺に注いでいた。しかし、道三は漏斗を使わないどころか、一文銭の穴に油を通して見せ、もし油がこぼれた場合は、代金を受け取らないことにしていた。この奇想天外な商売法により、美濃で道三の名を知らない者はいなかったといわれている。

ある日、土岐《とき》氏の配下の矢野という武士が、道三の油売りの技術（一文銭の穴に油を通す技）を評価する一方で、この技術を武芸に生かせば、武士として高く評価されるのではないかと助言した。この言葉を聞いた道三は、すぐに油売りを止めると、鉄砲や槍といった武術に励んだのである。

道三は僧侶時代にともに学んだ常在寺《じょうざいじ》（岐阜市）の日運を介して、美濃国守護代の長井長弘《ながひろ》に仕えることになった。その後、道三は長井氏の家臣だった西村家の名跡を継ぎ、西村勘九郎正利《まさとし》と名乗ったのである。長弘は道三と接するうちに、その才覚を見抜いたのであろう。

長弘は道三を重用し、守護の土岐政房《まさふさ》の子の頼武《よりたけ》、頼芸《よりのり》に引き合わせた。頼武は道三を見るなり、面倒を引き起こす男であると考えて近づけなかった。一方の頼芸は道三の武芸にほれ込み、重用するようになった。頼武と頼芸が道三に下した評価は対照的で、実にユニークなエピソードである。

道三の謀略

道三は頼芸の厚い信頼を得るようになったが、頼芸は家督をめぐって兄の頼武との抗争に敗れた。すると、道三は頼芸を美濃国守護にすべく、頼武の居城・革手城《かわて》（岐阜市）を襲撃し、頼武を越前へ追放したのである。道三は秘密裏に攻撃の準備を進め、五千五百の軍勢で夜討ちを仕掛けたという。この成功により、ますます頼芸は道三に信頼を寄せるようになった。

頼芸を美濃国守護の座へ就けた道三にとって、目の上の瘤ともいうべき人物がいた。その人物こそが、道三を土岐家に取り立てた長井長弘である。重要な政務にはまだ長弘が携わっていたので、存在が邪魔になっていたのだ。その後、道三は長弘に不行跡と政務の怠慢の嫌疑をかけるなどし、謀略により殺害に成功した。道三は長井家の跡を継いで長井新九郎規秀《のりひで》と名を改め、稲葉山城（岐阜市。のちの岐阜城）を居城とし、さらに謀略を重ねたのである。

天文七年（一五三八）に美濃国守護代の斎藤利良《としなが》が病没すると、道三は斎藤家の名跡を継いで斎藤新九郎利政《としまさ》と名乗り、道三の「斎藤氏」が誕生したのである。その三年後、今度は、道三と頼芸の関係が悪化しはじめた。天文十一年（一五四二）、道三は数千あるいは一万といわれる軍勢を率い、頼芸が籠る大桑城《おおが》（岐阜県山県市）を落とすと、頼芸を尾張国に追放した。こうして道三は頼芸を手玉に取り、難なく美濃一国を手に入れたのである。

右の逸話については、道三だけでなく、その父のものも混在しているといわれている。それは正確な情報ではなく、新しい史料によって改められている点も多い。道三の父・新左衛門尉は先述した妙覚寺の僧侶であったが、のちに西村を姓として、長井氏に仕えた。そして、子の道三は権謀術数を駆使し、ついには美濃一国を手に入れたことがわかっている（「春日家文書」）。つまり、道三は一代でその地位を築いたのではなく、親子二代で成し遂げたということになろう。

◎斎藤氏略系図

道三——義龍《よしたつ》——龍興《たつおき》

義龍は道三の実子だったのか

道三は後述するとおり、子の義龍と争った。その理由として、義龍が道三の実子ではなかったという説がある。

道三には小見《おみ》の方という正妻がいたが、側室・深芳野《みよしの》の存在も知られている。深芳野は、丹後国の名門である一色義清《よしきよ》の娘といわれているが、詳しいことはわかっていない。生没年すらも明らかでなく、深芳野の生涯はほぼまったく不明である。では、どのようにして、道三と深芳野は結ばれたのであろうか。

深芳野は、もともと頼芸の愛妾だったといわれている。頼芸は兄の頼武と守護職を争っていたが、大永五年（一五二五）に家督を奪取すべく美濃国守護所を占拠した。そのとき道三も大いに貢献したという。頼芸は深芳野を寵愛していたが、大永六年（一五二六）に道三に与えたという説がある。つまり、頼芸は褒美として、自らの愛妾を道三に与えたということになろう。この話は、後世に編纂された『美濃国諸旧記』に記録されたものである。

別に、もう少し異なった記述をしたものがある。道三は頼芸が愛妾として深芳野を囲っていたことを知り、しきりに所望したという話だ。それほど深芳野は美しかったのであろう。道三は非常に殺気立った面持ちで、深芳野を所望したという。根負けした頼芸は「そこまで言うならば」ということで、深芳野を道三に与えたと伝わる。のちに、道三は頼芸を追放するのであるから、このときすでに主従の立場が逆転した様子がうかがえる。この話は、後世に成った『美濃明細記』という記録に残されたものである。

二つの記録は後世の編纂物であるため、十分な検討を要しよう。頼芸が道三に深芳野を与えたという話は、創作の可能性があることを申し添えておく。深芳野が産んだといわれる道三の子の義龍は、のちに大きな問題となった。道三の長男である義龍は、本当に実子だったのかについて、もう少し考えてみよう。

先ほどの二つの記録によると、道三が頼芸から深芳野を貰い受けた翌年、義龍が誕生したという。義龍の生誕は、大永七年(一五二七)のことである。この時期が実に微妙な時期だった。道三が深芳野を側室として迎え入れた時期も、義龍が誕生した時期も、何月だったか不明だが、通常、懐妊してから約十ヵ月で子供は誕生する。それゆえに義龍をどちらの子とすべきかが問題なのである。

一説によると、深芳野は道三の側室となった時点で、頼芸の子を懐妊していたといわれている。これが正しいとするならば、道三は深芳野が懐妊していた事実を承知のうえで、結ばれたことになる。当時、こうしたことが実際にありえたのか、例に乏しく不明である。この説が俗説として簡単に退けられないのは、道三と義龍との親子関係が実に複雑だったからである。

道三は、常日頃から義龍を無能呼ばわりしていたという。道三が義龍を無能呼ばわりしたのは、実子でなかったからであると考えられている。そのため道三と義龍は、犬猿の仲だったという。義龍は伝聞などによって、自身が道三の実子でなかったことを知った可能性が高い。一説によると、義龍は出生の秘密を長井隼人正から明かされたというので、その言葉を信じたのだろう。

二人の関係が実の親子でないということは、父・道三の義龍に対する態度に滲み出たのかもしれない。血も涙もない「美濃の蝮」と恐れられた道三だったが、意外に血縁関係を気にしていたのだろう。義龍が道三の実子でないことを感じていたならば、のちに道三が実父の頼芸を追放したことを許せなかったはずである。こうして、義龍は道三を討とうと強く決意する。

ただ、こうした話は俗説に過ぎないのではないだろうか。天文二十三年（一五五四）の段階において、道三が家臣団によって鷺山城《さぎやま》（岐阜市）に移され、隠退を余儀なくされたのは事実である。おそらく道三は、家臣から見限られたのだろう。家臣団の中には、義龍を主君と仰ぐ勢力があったに違いない。それゆえ道三は、義龍の弟たちを偏愛したという。

いずれにしても道三が家臣からの支持を失い、やがて斎藤家中が分裂したことによって、道三の追放そして討伐に至ったと考えられる。

道三と義龍の戦い

天文二十三年（一五五四）に鷺山城に追放されて以降も、道三の意欲は衰えなかった。天文二十四年（一五五五）十月、義龍は病と称して伏すようになったが、これは道三を油断させるための嘘だった。同年十一月、道三が鷹狩りに行ったのを見届けると、ついに叛旗を翻したのである。

まず、血祭りに上げられたのは、義龍の二人の弟たちだった。義龍は使者として長井隼人正を二人の弟のもとに派遣すると、面会を申し入れた。義龍は余命わずかであるがゆえに、遺言を伝えたいと申し出たのである。二人の弟は、案内されて奥の間に入ると、控えていた日根野備中《ひねのびっちゅう》に斬殺された。義龍は二人を殺したことを道三に伝え、宣戦布告したのである。

突然のことに驚愕した道三は、高桑方面へ逃れて再起を期したが、思うように兵が集まらなかった。その悪逆非道な性格から「美濃の蝮」と恐れられていた道三は敬遠され、義龍に兵たちが集まったからだという。しかし、実際には道三の主だった家臣は、義龍の居城の稲葉山城に妻子を人質として預けており、容易に動けなかった事情があったと指摘されている。これも義龍は計算済だったに違いない。

翌弘治二年（一五五六）の春、道三は稲葉山城の三里北まで出陣すると、四月十八日には稲葉山方面に開けている南方の丘陵地・鶴山に陣を移した。ほぼ同じ頃、道三は遺言状を残している。その内容は、娘の帰蝶《きちょう》（濃姫《のうひめ》）の婿の信長に美濃国を与えるという衝撃的なものであった。道三の覚悟のほどを示しているが、これが事実か否かについては検討を要しよう。なお、遺言状の原本は残っておらず、伝わっているのは写本のみである。

国（あるいは家督）というのは、自分の子に譲るにしても、家臣の意向が尊重された。いかに道三の考えとはいえ、よそ者の信長に美濃国を譲るというのは、とても無理な話である。とはいえ、のちのことになるが、信長は実力によって斎藤氏から美濃を奪い、自身の本拠に定めた。

道三の最期

道三と義龍との戦いは、世に「長良川の戦い」と称されている。その理由は、後世の編纂物などによると、二人が長良川の「中の渡し」という場所で戦ったとされているからだが、実際はそうでもなかったらしい。

『信長公記《しんちょうこうき》』によると、先に戦いを挑んだのは義龍であり、鶴山に陣を敷いた道三は長良川付近まで出兵している。主戦場は、長良川の「中の渡し」ではなく、北に位置する場所だったようである。交戦した場所には、若干のズレがあった。

四月二十日付の范可《はんか》（義龍）の署名のある桑原甚三郎宛の感状によると、「土居口」なる場所で山田惣三郎を討ち取ったという（「桑原文書」）。土居は、鷺山城と鶴山の中間地点にある地名（現在の上土居・下土居）である。「中の渡し」で戦っていないとは断言できないが、主戦場は土居付近とすべきであろう。

道三方は奮戦したものの、敗色は徐々に濃くなってきた。道三は「さすがわが息子」と義龍を称えたという（『太閤さま軍記のうち』）。やがて、道三を守る手兵が乏しくなると、敵の長井忠左衛門が襲い掛かった。すると、側から小牧源太が手柄を横取りするかのように、道三の首を討ち取ったという。

道三の首は長良川の河原に梟首《きょうしゅ》され、のちに小牧源太が崇福寺（岐阜市）の西南に埋葬したと伝わる。子の義龍は道三の首実検をしたのち、「身より出た罪である。我を恨むな」と言葉を発したという（『江濃記《ごうのうき》』）。これが事実とするならば、実の親子だったのかという点には、やはり強い疑念が残る。

道三と義龍との確執は、実の親子だったか否かが問題になったといわれていたが、やはり俗説に過ぎないだろう。問題となったのは道三の政治手腕であり、家臣から「当主としての資格なし」と見限られたと考えられる。そこで、家臣が新たに支持したのが、子の義龍だったのである。

この章の主要参考文献

大木丈夫「武田信虎の神社政策と在地支配」（『武田氏研究』三六号、二〇〇七年）
大木丈夫「武田信虎悪行伝説の形成について」（『武田氏研究』四九号、二〇一三年）
勝俣鎮夫「美濃斎藤氏の盛衰」（同編『戦国大名論集4　中部大名の研究』吉川弘文館、一九八三年）
木下聡『斎藤氏四代』（ミネルヴァ書房、二〇二〇年）
柴辻俊六編『武田信虎のすべて』（新人物往来社、二〇〇七年）
柴辻俊六「武田氏の外交戦略と領域支配」（同『戦国期武田氏領の形成』校倉書房、二〇〇七年）
横山住雄『斎藤道三と義龍・龍興　戦国美濃の下克上』（戎光祥出版、二〇一五年）

第三章　当主と家臣の抗争

赤松義村と浦上村宗

大内義隆と陶晴賢

島津義久と伊集院忠真

宇喜多秀家と家臣団

当主と家臣の争い

当主と家臣が争うというのも、よくあるケースである。下剋上といってもいいだろう。当主と家臣の間に確執が生じるなどし、争乱に至るケースは、おおむね次の四つの理由が考えられる。

①家臣が当主を無能とみなしたケース。
②当主が幼く、家臣にコントロールされたケース。
③家臣が当主に負けないくらいの権力を保持していたケース。
④①から③の理由が複合したケース。

戦国大名は当主が絶対的な力を持ち、家臣を完全なコントロール下に置いたわけではない。たとえば、当主が亡くなった際、一般的に嫡男が家督を継ぐが、それは必ずしも既定路線ではなかった。後継者たる嫡男に器量がない場合、家臣が次男以下の男子の擁立を求めることも珍しくなかったのである。戦国大名は絶対的な存在ではなく、家臣の支持により成り立つ存在だった。

右の四つの条件が当てはまった場合、家臣が当主に戦いを挑むことがあった。家臣が当主に勝った場合は、下剋上ということになる。また、当主が力のある家臣の台頭を恐れた場合は、先んじてその家臣を滅ぼそうとすることもあった。いかに戦国大名とはいえ、ぬくぬくとその座に居座るわけにはいかなかったのだ。

本章では、右の観点から当主と家臣の争いを取り上げることにしたい。

赤松義村とは

明応五年（一四九六）四月、赤松政則《まさのり》が没すると、次の三ヵ国（播磨・備前・美作）守護には赤松義村《よしむら》が就任した。義村は政則の実子ではなく、七条家の流れを汲む人物で政資《まさすけ》の子だった。ただし、義村の守護就任に際しては、赤松氏の有力被官人や守護代が室町幕府に許可を求めていた（『書写山縁起附録』）。その際、義村の三ヵ国守護職就任を要望したのは、浦上則宗《のりむね》、別所則治《のりはる》、赤松則貞《のりさだ》、小寺則職《のりもと》、薬師寺貴能《たかよし》の五名であった。

政則の跡を継いだ義村とは、いかなる人物だったのであろうか。最初に、義村の事蹟について、触れておくこととしたい。

義村は政則の実子でなく、七条赤松家の政資の子である。政則没後、義村は赤松氏の有力被官人らによって播磨国等三ヵ国守護に推挙された。義村の生年に関しては不明な点が多く、系図、軍記物語等の記載によれば、文明四年（一四七二）、延徳二年（一四九〇）、明応三年（一四九四）誕生の各説が唱えられている。いずれも確実な根拠に基づくものではないが、義村の仮名《けみょう》（通称）の名乗りの時期を考慮すれば、少なくとも文明四年（一四七二）誕生説は退けるべきである。

義村の幼名は「道祖松丸《さえまつまる》」といい、赤松氏歴代当主が名乗ったものと同じである。その後、同じく赤松氏歴代当主が名乗った仮名「二郎」を名乗った。永正九年（一五一二）六月、浦上村宗《むらむね》と別所則治は、義村の「御字」と「官途」を拝領するため上京した（『鵤《いかるが》荘《のしょう》引付《ひきつけ》』）。このとき義村は、将軍より「義」の字と官途「兵部少輔」を与えられ、その翌年から「兵部少輔」と呼ばれている（『後鑑《のちかがみ》』）。なお、義村を「政村」と記す系図が存在するが、義村が政村と名乗った発給文書は存在しない。

後述するとおり、義村の幼少期には、母洞松院尼《とうしょういんに》がその代理を務める形態を採用していた。しかし、それはあくまで義村が成長を遂げるまでの中継ぎだった。義村が独自の支配体制を築くには、いくつかのステップが必要になる。

◎赤松氏略系図

政則＝義村―政村（のちの晴政）

※＝は養子

義村を支えた家臣

彼らの顔ぶれを確認しておこう。小寺・薬師寺の両氏は、御《ご》着《ちゃく》納所《なっしょ》として領国支配の一端を担っており、赤松氏家中において有力な存在であった。なお、小寺氏の本拠は御着（兵庫県姫路市）にあった。別所則治と赤松則貞は、それぞれ東西の守護代を務めていた。彼らが義村を新守護に申請した事実は、すでに幕府権力が形骸化し、守護が被官人らの支持を得なければならなかった事情を物語っている。

当時、権勢を誇っていたのは浦上則宗だったが、別所氏などとの抗争も絶えず、政則在世中から抗争を繰り広げていた。明応二年（一四九三）に勃発した明応の政変は、その好例であるといえよう。

明応の政変とは、細川政元がときの将軍足利義稙の河内出陣中に、堀越公方足利政知の子義澄を擁立した事件である。その結果、義稙を支える直臣団の大半が離反し、降伏せざるを得ない状況に追い込まれた。この事件を契機に、将軍の政治的権力基盤が崩壊し、細川氏がその実権を握った。細川政元は、このクーデターに赤松氏の協力を取りつけるため、姉（あるいは妹）の洞松院尼と政則との婚儀を画策したといわれている。

このとき赤松氏内部では、政変に対する対処をめぐって、浦上氏と別所氏との対立が見られた。すでに細川京兆家内部において、被官人上原氏と安富氏との対立が明瞭となっていたが、彼らは浦上氏と別所氏との関係を深めることにより対抗した。

浦上氏は安富氏の子を養子に迎え、結束を深めた。別所氏は一方の上原氏と連携し、先述した洞松院尼を政則に嫁がせた。政則と洞松院尼との婚約の背景に、明応の政変があったと指摘される所以である。『大乗院寺社雑事記《だいじょういんじしゃぞうじき》』明応八年五月十九日条には、浦上氏が義村を取り、別所氏が洞松院尼を取ったと記す。これが「東西取合」と称された浦上氏と別所氏の対立である。

洞松院尼の登場

以上に述べたような複雑な過程を経て、義村の守護職就任は実現したが、文亀二年（一五〇二）に浦上則宗は没し、別所氏の勢いにも陰りが見えた。義村のサポート役として台頭したのは、政則の後妻洞松院尼である。洞松院尼は細川勝元の娘で、明応二年（一四九三）に赤松政則と婚約を交わした（『蔭凉軒日録《いんりょうけんにちろく》』）。政則は再婚だった。

『後法興院政家記《ごほうこういんまさいえき》』などの記述によれば、洞松院尼は文正元年（一四六六）の生まれだったことがわかる。洞松院尼は容姿に恵まれなかったようで、日記や後世の軍記物語にまでその不器量さが指摘されている（『蔭凉軒日録』など）。このため、政則が洞松院尼を政元に追い返したという風説が流れたほどであった。

政則と洞松院尼との婚儀は、いうなれば政略結婚であったが、政則没後、洞松院尼の活躍がにわかに目立つようになる。『赤松記』により政則没後の政務の取り扱いについて要約すると、次のように記されている。

義村が幼少のうちは、国の支配は洞松院尼が行い、何事も印判状で行う。しかし、この間に訴訟があった場合は引き延ばし、義村の治世になるまで待つ、というものである。洞松院尼が守護の代理のような形で領国支配を担ったことは正しいが、あくまで義村が成長するまでの中継ぎ役と解すべきであろう。

永正年間には、洞松院尼の発給文書が何点か存在する。その内容を吟味すると、いくつかの共通点が認められる。まず、すべての文書が印判状であるという点である。この黒印には、「釈」という文字が刻まれている。女性が黒印を使用するケースは極めて稀であり、駿河国今川氏親の妻・寿桂尼《じゅけいに》の例があるくらいだ。

第二に、文言中に「松泉院殿（＝政則）さまの御判のすじめ（筋目）にまかせ」と記されているように、政則の先例を追認する形式を採用していることである。しかも、その書止《かきとめ》文言は「おほせいだされ候、かしく」という奉書文言である。洞松院尼は、あくまで守護の意を奉じる姿勢を取っており、独自性を発揮していなかった。

したがって、洞松院尼が領国支配に参画したことを高く評価する論者もいるが、むしろ義村が成長するまでの繋ぎ役と認識すべきであろう。そうした洞松院尼の政治姿勢が、政則時代の政策を継承する文言や奉書文言に集約されている。

義村の時代

義村が権力を確立した画期は、永正九年（一五一二）を想定すべきであろう。この年は赤松氏と細川高国が和睦した年だが、それ以外にも理由がある。まず、義村が政則と同じ兵部少輔を名乗ったことである。赤松氏歴代当主の官途を名乗ることは、自らの存在を強く印象づけた。加えて、将軍から「義」の字を与えられたことも、同様の効果を持ったことと推測される。それら一連の流れは、義村が幕府・朝廷という公権力から認知されたことを意味する。

永正十三年（一五一六）、義村は椀飯《おうばん》のお礼として、馬一頭を幕府に献上した。そして、同年六月には斑鳩寺《いかるがでら》（兵庫県太子町）の修造に伴い、その奉加《ほうが》を義村の御判によって沙汰を行った

（『鵤荘引付』）。この奉加は国中に勧進《かんじん》されており、義村の守護としての初仕事だった。奉加という行為を通じて、義村は自身の存在を強く領国内にアピールしたのである。永正十四年（一五一七）、義村は御代継目の御判を発給しており、本格的な領国支配を展開した（『鵤荘引付』）。

義村は単独で文書を発給する以外にも、膝下に奉行人を配置し、官僚機構を整備した。その初期には、三奉行人の一人として、相川阿波守の名前が見え、その使者として河原氏の存在が確認できる。義村は自らの意思を政治上に反映させるため、意識的に膝下の官僚機構の整備を行ったと考えられる。

永正十四年（一五一七）十二月以降、志水清実《きよざね》、衣笠朝親《ともちか》、櫛橋則高《のりたか》の三人が連署する奉行人奉書が確立した。志水氏、衣笠氏に関しては、その事蹟《つまび》が詳らかでない。櫛橋氏は南北朝期以降、歴代赤松氏当主に仕えた生え抜きの奉行人である。志水・衣笠両氏は新興勢力といえよう。この年を境として、義村は強力なリーダーシップを発揮したのである。

義村と村宗の反目

村宗は義村に重用されず、その座を小寺則職や三奉行の面々に譲らざるを得なかった。それゆえに、両者の間には確執が生じた。では、義村と村宗は、どのような経緯で対決に至ったのであろうか。その辺りをじっくり見ていきたい。

永正十六年（一五一九）は、播磨国に大乱が起こった年で、その原因は赤松氏の内輪の確執によるものであった（『官符宣記』）。もう少し詳しくいうと、義村の被官人である村宗が傍輩（同僚、仲間）の讒言によって、急に義村への出仕を止められた。理由は、村宗に不忠の子細があるというもので、村宗は、謀反の嫌疑を掛けられたのである。事実、義村は成敗と号して、数千騎の軍勢で三石城《みついし》（岡山県備前市）を取り囲んだが、ついに城を落とすことができず、翌永正十七年（一五二〇）一月に諦めたという。『実隆公記』には、明白に「浦上勝利」と記されている。

ほかの史料では、この一件がどのように書かれているのであろうか。『赤松記』には、義村と村宗との関係については、「不思議の雑説」があったと記す。これは、先の傍輩の讒言に近いものであろう。そのため播磨国内の政治は乱れ、義村の執政にも支障を来たすようになった。

城を落とせなかったとはいえ、義村は敗北を認めることなく、永正十七年（一五二〇）四月二十日に再度軍勢を率いて村宗との戦いに臨んだ（『官符宣記』）。義村の軍勢が向かったのは、浦上氏配下の中村氏の籠る岩屋城《いわや》（岡山県津山市）であった。義村自身も嘴崎《はしざき》（兵庫県たつの市）に着陣し、その後は白旗城《しらはた》（兵庫県上郡町）へ陣替えを行っている（『赤松伝記』）。義村が岩屋城へ向かったのは、中村氏が浦上氏の被官人であり、反抗する態度を見せたからである。

両者の戦いは、二百余日に及んだという（「官符宣記」）。『宇喜多能家《うきたよしいえ》画像賛』によると、同年七月八日に飯岡原《ゆうかはら》（岡山県美咲町）で両者の交戦があり、義村の率いる軍勢は川で溺死したため、宇喜多能家の軍勢に首を多数討ち取られたという。十月三日には村宗の援軍が岩屋城南部にまで進軍しており、さらに赤松村秀の弟・村景が援軍として馳せ参じていた（『赤松伝記』）。翌四日には能家軍が義村軍に勝利し、六日には義村方の小寺則職父子が敗北し、自害して果てた。両軍合わせて、数千の死者があったと伝える（『東寺過去帳』など）。半年近い戦いで義村は再び惨敗を喫し、苦しい立場に追い込まれた。

義村の敗北直後から、村宗の反撃が始まった。同月十二日、村宗は備前、美作の兵を率い、室津《むろつ》（兵庫県たつの市）に攻め上がった（「官符宣記」）。村宗の率いる兵は鵤荘《いかるがのしょう》（兵庫県太子町）に乱入し、濫妨狼藉の限りを尽くしたという。それゆえ、村宗の軍勢は「賊徒」と史料に表記されている。小寺氏という有力な被官人を失った義村は、もはや手足をもがれたのも同然で、応戦する兵力すらなかったかもしれない。義村にとって、三度目の惨敗であった。

同年十一月九日、村宗討伐を決した義村は、居城の置塩城《おしお》（兵庫県姫路市）を出発して三石城へと向かったが、三石城は難攻不落のうえに、備中国から松田氏の援軍が来るという噂が立った。そこで、義村配下の櫛橋氏らの調略によって、浦上氏が降参したかのように見せかけ、義村は年末に退却したという。『鵤庄引付』もほとんど同じ内容である。

惨敗した義村の動向

いずれにしても、対決を挑んだのは義村のほうであり、村宗は防戦に努めていた様子をうかがうことができる。しかし、村宗の軍勢は強力であり、義村は退却せざるを得なかった。櫛橋氏はうまく方便を用いて、義村を説得したのであろう。このように、事実上は義村の敗北という形で、いったん両者は戦いを終えたのが実情である。

惨敗後、義村の措置はどうなったのであろうか。『赤松伝記』には、次のように義村の扱いを記している（現代語訳）。

（小寺則職父子の自害後）白旗城から義村様も置塩城に帰陣されたが、このような体たらくなので村宗に運が傾いていった。置塩城でもさまざまな風説があり、義村様は隠居同然の扱いとなった。同（永正十七年）十一月、御曹司様（政村）が七歳のとき、村宗のもとに迎えられた。村宗は政村を受け入れ、室津に住まわせた。洞松院尼様など二人は、以前から村宗に同心しており、義村を見捨てて政村のもとに向かった。その後、義村様は髪を下ろして出家し、性因《しょういん》と名を付けられた。

この記述を見ればわかるとおり、敗北した義村は家中から見放され、さらに子の政村を村宗によって奪われた。村宗が政村を迎え入れたのは、のちに擁立して傀儡《かいらい》化するためである。また、室津に拠点を置いたのは、今後の播磨国支配を視野に入れていたからであろう。この時点で、義村は失脚したのである。加えて驚くべきは、義村のためにこれまで尽力した洞松院尼からも、見捨てられたことである。こうした流れを見る限り、義村は家中の意見を十分に汲み取ることなく、独断専行で村宗と対決した可能性が高いといえる。三度の敗北により、義村への信頼は一気に失われたのである。

しかし、義村は不屈の精神で村宗に戦いを挑んだ。以下、『赤松伝記』『鵤庄引付』によって、経過を確認しておこう。永正十七年（一五二〇）十二月二十六日、義村は若君（足利義晴）の御供をすると称して置塩城を出立し、端谷城《はしたにじょう》（兵庫県神戸市）の衣笠氏のもとを訪れて年を越した。衣笠氏は義村の三奉行の一人であり、頼みとする貴重な勢力だった。翌永正十八年（一五二一）一月二十八日、義村は賀古《かこ》（兵庫県加古川市）まで進出し、さらに御着（兵庫県姫路市）まで軍を進めた。御着は小寺氏の居城があり、残党が義村を支援したのであろう。

ほかに義村を支援する勢力はあったのだろうか。義村を支えていたのは、龍野赤松氏の赤松村秀と赤松氏庶流の広岡氏であった。村秀は、弟の村景とともに村宗を支援していた。その点は不審であるが、のちに村秀と村景が対立していることを考慮すれば、この時点で村秀は義村を支援し、村景は村宗を支援するようになった可能性もある。広岡氏は龍野赤松氏のもとで郡代を務めており、必然的に村秀に従ったと考えられる。村秀らは、広岡氏の居城である太田城《おおだ》（楯岩城《たていわ》。兵庫県太子町）に進出していた。

同年二月二日、受けて立つ村宗は三石城を出発し、室津まで進出した。鵤荘では合戦になるとの噂が広まり、荘民はいずれの勢力から制札を獲得するか腐心していたが、合戦は意外な形で終わりを迎えた。義村方の広岡氏がにわかに裏切り、村宗に味方したのである。その結果、太田城はあっけなく落城した。同月十一日の夜に義村は御着を脱出し、玉泉寺《ぎょくせんじ》（兵庫県加東市）へと逃れたのである。

義村の最期

義村は逃れたものの、村宗の追及は厳しく、誓紙の提出を求められた。同年四月二日、義村は足利義晴の御供として英賀《あが》（兵庫県姫路市）の遊清院へ移り、さらに片島（兵庫県たつの市）の長福寺へ移ったのである。しかし、同年の一～三月までの間、次のように義村は文書を発給し続け、その存在感を周囲にアピールしていた。

①永正十八年一月十二日――報恩寺（兵庫県加古川市）への寺領安堵（「報恩寺文書」）。
②永正十八年二月十八日――朝光寺《ちょうこうじ》（兵庫県加東市）に禁制交付（「朝光寺文書」）。
③永正十八年三月十九日――後藤氏に所領を預け置く（『後藤衛藤系伝』）。

①は性因《しょういん》と署名されているが、②③は署名部分が兵部少輔という官途書になっている。①が発給された時点では法名を使用しているが、②③では官途を使用していることから、打倒村宗の意志を強く感じ取ることができる。家督は子の政村に譲ったものの、再び赤松氏惣領に就くという気持ちが文書にあらわれているといえよう。

一方で、義村が御供と称して推戴していた足利義晴は、村宗によって上洛の途についていた。それは永正十八年（一五二一）七月のことで、細川高国が村宗に依頼したものだった（『二水記』など）。当時、将軍の足利義稙は高国と対立し、出奔していたので、高国は義晴を擁立しようと考えていた。諸史料から村宗は義村を説得し、何とか義晴を受け取り、上洛させた様子をうかがうことができる。義村の切り札は、唯一義晴であったかもしれないが、それすらも失ったのである。

このように、義村は徐々に追い詰められていった。片島の長福寺にいた義村は、さらに室津へと移された。まるで囚人のような扱いだったという（『赤松記』）。そして、大永元年（一五二一）九月十七日の夜、菅野、花房、岩井弥六の三名が義村の宿所を襲撃した。義村は岩井弥六の手首を打ち落とすなど応戦するが、多勢に無勢でついに討ち果たされた。『二水記』には、義村が切腹したと書かれている。その後、義村に与した者たちは、淡路国などの他国へと逃亡した。

一連の流れを見る限り、村宗を警戒して先に手を出したのは、明らかに義村だった。自らに権限を集中させようとした義村にとって、村宗は邪魔な存在に映ったのであろう。逆に、村宗は義村との対決に勝利して、自身の権力強化を図ったのである。その際、政村を戴いたのは家格の問題があったからで、村宗自身は守護になれなかったのである。

大内氏とは

大内氏は、平安時代末期から存在を確認できる名族であり、その先祖は百済聖明王《くだらせいめいおう》の第三皇子・琳聖太子《りんしょうたいし》であると称していた。鎌倉時代以降、鎌倉幕府の御家人となり、周防国を実質的に支配下に治めている。のちに、六波羅探題《ろくはらたんだい》評定衆も務め、幕府から重用されていた。

南北朝時代になっても、大内氏は室町幕府から重んじられ、複数の守護を兼ねていた。大内義弘《よしひろ》の代には、周防・長門など六ヵ国の守護職を兼ね、逆に幕府から警戒されるほどだった。応永《おうえい》六年（一三九九）、義弘は室町幕府に対して叛旗を翻したので、足利義満に討伐される（応永の乱）。

義弘の死後、幕府はその弟・弘茂《ひろしげ》に周防、長門を安堵した。ところが、弘茂は、応永八年（一四〇一）に留守を守っていた同じ義弘の弟・盛見《もりあきら》と戦い、長門で敗死した。盛見自身も永享三年（一四三一）に筑前深江（福岡県糸島市）で少弐氏と戦い、討ち死にする。

大内氏は不幸続きであったが、寛正六年（一四六五）に教弘の子・政弘《まさひろ》が家督や守護職を継承した。政弘は、応仁・文明の乱で西軍の主要な守護の一人として参画した。一方で、政弘は和歌や連歌に通じており、宗祇《そうぎ》、兼載《けんさい》らと親交を結んで『新撰菟玖波集《つくばしゅう》』の撰集を後援し、画家の雪舟《せっしゅう》を山口で庇護したことで知られている。

政弘の子が義興《よしおき》である。義興は、細川政元に追われた足利義稙を山口（山口市）で庇護した。義稙が京都に復帰して以後は、管領代として幕府を支えている。細川氏と遣明船《けんみんせん》の権利を争ったが、最終的に貿易を独占することになった。一方で、義興は出雲尼子《あまご》氏と死闘を繰り広げたが、享禄元年（一五二八）に安芸の陣中で没した。

義隆《よしたか》は義興の子である。永正四年（一五〇七）に誕生した。父の死後、大内氏の家督を受け継いだ。義隆もまた、出雲尼子氏らと戦いを繰り広げた。天文五年（一五三六）には、少弐資《すけ》元《もと》を自殺せしめ、大宰大弐《だざいのだいに》に任じられた。その後、敵対していた大友氏と和睦を結び、九州北部にも勢力を伸長した。

天文十年（一五四二）、義隆は尼子氏を討ち破るが、その二年後には逆に大敗を喫し、義嗣子の晴持は乗った船が転覆して溺死した。以後も、義隆は失意の中で、安芸・備後・伊予などに派兵をし、反大内勢力を相手に戦い続けたのである。

◎大内氏略系図

教弘―政弘―義興―義隆―晴持

大内義隆の登場

義隆も大内氏の歴代当主と同じく、和歌について精進を重ねた。父の義興は歌人として著名な飛鳥井雅俊《まさとし》と親交が深く、『古今和歌集』の注釈書『古今秘訣《こきんひけつ》』を贈呈された。また、連歌師・宗碩《そうせき》からは、古今伝授を授けられたといわれている。

古今伝授とは、歌道伝授の一形式である。『古今和歌集』を講釈し、その注説の重要な部分を切紙として示し、これに古注・証状・相承系図を付して伝授した。古今伝授は、誰もが授けられるわけではなかった。義興は盛んに和歌会を開催し、和歌に熱心に取り組んでいたのである。

義隆が和歌などに関心を持ったのは、父の影響を受けたと考えられる。実際、義隆は山口を訪れる公家や僧侶を歓待し、彼らから和歌を学んだ。とりわけ飛鳥井雅俊、三条西実隆《さねたか》、堯淵《ぎょうえん》僧正から、和歌の指導を受けたことがわかっている。

大内文化の源といえるのが、大内氏館である。大内氏館は、現在の山口市大殿大路に建てられた大内氏の居館（守護館）であり、大内館跡・築山跡・高嶺城跡・凌雲寺跡から構成される「大内氏遺跡 附《つけたり》 凌雲寺跡」として、国の史跡に指定された。室町・戦国期の武家館跡として、非常に貴重であると評価されている。

作者不詳の『大内夢物語』という後世の書物では、大内義隆を「ひととなり容貌優美にして、女色にふけり、和歌・弦楽を好み、武道にうとく、茶道・蹴鞠の遊びに日を暮し、仏道に心を入れ、専ら華美を好み奢り、当時の諸侯になかりし」と評価している。義隆が幅広い教養を身につけ、知識人であったことはいうまでもないが、こうした後世の人の評価を鵜呑みにするのは、いささか危険であろう。

大内氏の家中が崩壊した理由は、一般的に武断派の陶晴賢《すえはるかた》が、文治派の相良武任《さがらたけとう》を重用した義隆に対して、良からぬ思いを抱いたからであるといわれている。次に、その真相を探ってみよう。

文芸にのめり込んだ義隆

天文十二年五月、義隆は尼子氏に大敗北し、義嗣子の晴持を亡くすと、少しずつ文芸にのめり込み、家臣の陶晴賢と対立する。大内氏弱体化の大きな原因となったのは、義隆が文治派の相良武任を重用したことであり、家中を分裂させるきっかけとなった。

享禄二年（一五二九）、大内氏は武家家法『大内家壁書』の中で、奢侈《しゃし》を禁じていた。武器や兵卒が不足したり、出陣に際して戦闘意欲をなくさないためであった。逆に、日頃から合戦があることを心に留め、常に出陣準備を怠らないよう規定されている。晴賢はこの方針を支持する武断派の一人で、軍事に重きを置いていた。

一方、文治派の相良武任は筑前の国人で、もとをたどると肥後の相良氏の流れを汲んでいた。武任は義隆の右筆《ゆうひつ》を務めており、能書家としても有名だった。やがて武任は義隆から重んじられ、単なる右筆としての役割だけに止まらず、政治・軍事方面でも実権を持つようになったのである。

武断派からは、一右筆に過ぎなかった武任が義隆から重用されるようになったので、不満が噴出した。義隆の推挙により、武任は従五位下に叙され、さらに遠江《とおとうみ》守に任じられた。武任は不肖の身ながらもずる賢く、右筆の立場を利用して義隆に接近し、やがて思うがままに振る舞うようになり、同僚から憎まれるようになったという（『大内義隆記』）。やや誇張があるかもしれないが、武任の台頭ぶりを描いている。

こうして文治派が威勢を振るったが、天文十四年（一五四五）四月に奢侈禁止令が制定された。これは、武断派と文治派が争い、武断派が勝利を収めた結果であると考えられる。翌五月、武任は大内家を離れて出家し、一族の肥後相良氏のもとで庇護された。以降、晴賢は次々と謀略を画策し、大内家中で実権を握ろうとした。晴賢が台頭したきっかけは、義隆を支える文治派との抗争に勝利したことにあった。

やがて、晴賢の行動は、露骨になっていった。晴賢は大内氏の御家人、領国内の百姓や民衆をはじめ、若年の衆までも積極的に味方に引き入れるようになった。家臣の杉重矩《しげのり》は義隆に晴賢の策謀を報告したが、義隆は耳を貸さなかったという。ところが、天文十七年八月、義隆はついに対抗策に打って出る。

まず義隆は、大内氏を出奔した武任を再び出仕させた。次に義隆は家臣の内藤興盛《おきもり》の娘と養子縁組をしたうえで、毛利元就《もとなり》の長男・隆元《たかもと》に輿入れさせた。このようにして、義隆は毛利氏と強力な関係を築いた。義隆は晴賢に対抗すべく、婚姻を軸とした強固な同盟関係を締結したのである。

陶晴賢の挙兵

翌天文十八年(一五四九)三月、元就は山口を訪問し、義隆から歓待されたが、実は晴賢が元就を呼び出したのであり、二人は裏で結んでいるとの噂が流れていた。杉重矩は晴賢の策謀を予想していたが、武任の見通しは甘かったようである。これまで重矩は晴賢とさほど良好な関係ではなかったが、同年の冬に晴賢に急接近したという。

重矩が晴賢に近づいたのには、もちろん理由があった。第一に、重矩が幕府から毛氈鞍《もうせんくら》覆《おおい》・白傘袋《しろかさぶくろ》という栄典が与えられる予定だったが、武任の反対意見により流れたことである。第二に、重矩の次男・隆辰の所領が没収されたことである。重矩は、義隆や武任に不満を抱いていた。つまり、重矩は大内家の現状を考慮し、義隆に従ってもメリットがないと判断したのだろう。

天文十九年（一五五〇）八月、晴賢は大内氏の新当主として義隆の子・義尊《よしたか》を担ぎ出すため、毛利氏に協力を依頼したという。晴賢の行動は大胆になっていたが、この件は義尊が義隆の実子であるか否かが問題となり、ついに実現しなかったという。翌月、義隆と武任が今八幡宮（山口市）に参詣した際に、晴賢が二人を捕らえるとの風聞が流れた。晴賢は義隆に無実であることを主張したが、一方で晴賢の屋敷を義隆の軍勢が襲撃するとの噂があった。

結局、最悪の事態は回避したものの、両者には互いに不信感を抱かせるような情報が流れていたのである。その直後、武任は筑前に逃亡し、義隆の家臣・杉興運《おきかず》に庇護を求めた。武任は一連の騒動に対して、危機感を募らせていたのだ。このように両者の緊張感が高まる中で、晴賢はついに義隆の討伐を実行に移したのである。

天文二十年（一五五一）、晴賢は家人を参集させると、自ら興隆寺《こうりゅうじ》（山口市）の修二月会大頭役を務めた。義隆は、晴賢が家人を集めたことに警戒した。態度を硬化させた晴賢は、大内氏への出仕を拒否し、若山城（山口県周南市）に帰還した。結局、晴賢は、興隆寺の修二月会大頭役を辞退することになったのである。

義隆は、事態が深刻になったことを認識し、再び武任を出仕させた。同時に、万が一に備え、毛利氏に協力を要請すべく使者を送った。この間、晴賢の計画は順調に進んだ。その全貌とは、義隆父子を殺害し、その後継者には大友義鎮《よししげ》（宗麟《そうりん》）の弟・義長《よしなが》（晴英《はるひで》）を据えることだった。

天文二十年八月、武任は大内氏のもとから出奔した。三度目である。同年八月二十日、晴賢は厳島《いつくしま》（広島県廿日市市）に攻め込むと、同時に元就が安芸の銀山《かなやま》城（広島市安佐南区）を攻撃した。ともに大内氏の支配地域だったので、義隆は裏切られたのである。山口市中には、たちまち晴賢謀反の噂が広がった。

義隆はこの動きに動じず、冷静さを崩さなかった。八月二十六日には大友氏の使者らを招待し、能を興行して宴を楽しんだのである。ところが、八月二十八日には、山口に晴賢の軍勢が近づいていた。この状況になっても、義隆は特段の対策を講じなかった。

大内氏の兵卒は三千余だったが、そこから大幅に減っていた。大内氏の兵卒は危険を予測して、逃げ出したと考えられる。そして八月二十九日、晴賢らの軍勢五千余が山口に雪崩れ込んできた。

義隆は九州方面に逃亡しようとし、途中で多くの味方が討ち死にしたが、大津郡仙崎（山口県長門市）に到着した。ここから船で逃げようとしたが、暴風雨で諦めざるを得なかった。観念した義隆は大寧寺《たいねいじ》（山口県長門市）に入り、同寺で自刃したのである。義隆の敗北の原因は、油断にあったといえよう。

陶晴賢の敗死

こうして晴賢は義隆を討伐したが、その威勢は決して長くは続かなかった。その後、晴賢は毛利元就と敵対し、厳島で雌雄を決する。

天文二十四年（一五五五）九月三十日、元就の本隊は厳島の包ヶ浦に上陸した。毛利方は二手に分かれて、陶軍を挟撃する作戦を採ろうとした。元就は陶軍の本陣の背後の山頂から、攻撃を試みようとしたのである。

同時に小早川隆景《たかかげ》は、別動隊を率いて正面の鳥居から侵攻した。同年十月一日早朝、毛利軍は出撃合図の太鼓の音と同時に、一斉に鬨《とき》の声を上げて、背後の山頂から陶軍に突撃した。激しい暴風雨だったこともあり、毛利方の攻撃を予想していなかった陶軍は大混乱に陥った。

狭い場所が災いして、二万という大軍の陶軍は、身動きが取れなかった。陶軍は、背後からの毛利軍の攻撃に備えていたが、次に小早川軍が岡の下から攻め込んできた。陶軍は挟撃されると、混乱して総崩れとなり、完全に瓦解したのである。

晴賢は全軍に引き返して毛利方を攻撃するよう命じ、自陣の奮起を促した。総崩れの陶軍は、船で逃げるべく海岸に殺到したが、陶方の水軍は逃亡したあとだった。毛利軍に抵抗する者もいたが、呆気なく討ち取られた。晴賢は逃亡したが、ついに覚悟を決めて大江浦で自害したのである。

陶晴賢を滅ぼした毛利元就は、そのままの勢いで、大内氏領国の周防・長門に攻め込まんとして、さらに進軍して安芸・周防の国境付近まで至ったのである。

一方、山口を本拠とする大内義長《よしなが》（大友義鑑《よしあき》の次男で義隆の猶子）は、毛利氏の攻撃に備えるべく、各地の城に兵を置いた。しかし、毛利氏が調略戦を進めると、たちまち大内氏の家臣・椙守隆康《すぎもりたかやす》などが元就に降伏したという。

同年十一月、元就は村上水軍に命じて宇賀島（山口県周防大島町）を攻略し、さらに山代地方に軍勢を派遣して平定した。その後、元就は大友氏の背後の肥前龍造寺《りゅうぞうじ》氏に対して、豊後大友氏が周防・長門に攻め込まないよう同盟を結んだ。弘治三年（一五五七）、元就は大内方の須々万沼城《すすまぬまじょう》（山口県周南市）を落とすと、大内氏の本拠である山口に向かったのである。

この段階で、大内氏家中はすでに崩壊していた。杉重矩の遺児・重輔《しげすけ》は、晴賢の嫡男・長房《ながふさ》の籠る若山城を攻撃したので、長房は自害した。若山城の落城後、元就は山口に総攻撃を仕掛けた。この時点で、すでに大内氏には勝ち目はなく、義長は長門に逃げ出した。義長は重臣・内藤隆世《たかよ》の居城・且山城《かつやま》（山口県下関市）に拠っていたが、追い詰められて長福寺（功山寺。山口県下関市）で自刃して果てた。こうして大内氏は、滅亡したのである。

島津氏《しまづ》とは

島津氏は平安時代末期から続く名族で、本姓を惟宗《これむね》氏という。島津氏の祖の忠久《ただひさ》は、近衛《この》《え》家の家司《けいし》を務めていたが、のちに源頼朝に仕えた。鎌倉幕府の御家人になった忠久は、島津荘の地頭職《じとうしき》を与えられた。島津荘は日向国《ひゅうが》・大隅国《おおすみ》・薩摩国にまたがる広大な荘園で、近衛家領だった。忠久は島津荘地頭職に加え、日向国・大隅国・薩摩国の三ヵ国の守護にも任じられた。

建仁《けんにん》三年（一二〇三）の比企能員《ひきよしかず》の乱により、忠久は縁座して三ヵ国の守護職を失ったが、ほどなくして薩摩国だけは回復した。南北朝の内乱が始まると、貞久《さだひさ》は足利尊氏《たかうじ》に従って軍功を挙げ、日向国・大隅国の守護職を獲得した。しかし、のちに日向国だけは、畠山氏、細川氏の手に移った。十四世紀後半から十五世紀前半の元久《もとひさ》の代になると、再び日向国・大隅国・薩摩国の三ヵ国守護の座に復したのである。

十六世紀半ばになると、貴久《たかひさ》が本拠を鹿児島（鹿児島市）に定めた。貴久の子が義久《よしひさ》・義弘《よしひろ》の兄弟である。二人は協力して、伊東氏、大友氏に戦いを挑み、やがて九州を統一するような勢いを見せた。追い詰められた大友宗麟《そうりん》は豊臣秀吉を頼り、島津氏の攻撃を止めさせようとした。秀吉は島津氏に停戦を命じるが、それは拒否されたのである。

こうして天正十四年（一五八六）から翌年にかけて、秀吉は九州征伐（島津征伐）を敢行した。当初、島津氏は威勢こそよかったが、やがて秀吉の激しい攻勢により、その軍門に降ったのである。結局、島津氏は改易こそ免れたものの、秀吉に従わざるを得なくなった。以上の点を踏まえて、以

◎島津氏略系図

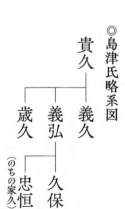

下、庄内の乱（島津氏と家臣の伊集院氏との抗争）を取り上げることにしよう。

島津氏の弱体化

九州国分《くにわけ》後の天正十六年（一五八八）、秀吉から義久の弟・義弘に羽柴の名字と豊臣の本姓が授けられ、しかも豊臣家との取次は義弘が担当することになった。天正十七年（一五八九）十一月になると、島津家の家督は、秀吉の命により義弘の子・久保《ひさやす》が定められた。一連の事実から、義弘は秀吉から優遇されたのは明らかである。

翌天正十八年（一五九〇）、義久は羽柴の名字を授けられたが、豊臣の本姓は与えられなかった。兄の義久は、秀吉から優遇されなかったようである。一連の処遇の差によって、義久・義弘の兄弟間に亀裂が入るのには時間が掛からなかった。これが秀吉によって意図的に行われたのか不明であるが、島津家中にとっては不幸な出来事だった。

天正二十年（一五九二）の文禄の役《えき》では、義久が病気のために出陣できず、代わりに義弘が朝鮮へ向かった。しかし、旧態依然とした島津領国は財政状況が芳しくなく、名護屋《なごや》城（佐賀県唐津市）の普請、出陣による軍費負担が重荷となっていた。その挙句、「日本一の遅陣」と称される大失態を演じてしまう。以後も財政状況の悪化は尾を引き、義弘の活躍は目立たなかった。しかも、義弘の子・久保は、文禄二年（一五九三）九月に朝鮮半島で病没したのである。不幸はこれだけに止まらなかった。

文禄の役に際して、歳久《としひさ》（義久、義弘の弟）は中風（脳卒中の後遺症）により、出陣が叶わなかった。一説によると、歳久は大変な酒好きで、それが中風の原因であったといわれている。ここで、歳久に不幸が訪れた。文禄元年六月、島津氏の家臣・梅北国兼《うめきたくにかね》が一揆を起こしたのである（梅北一揆）。国兼は朝鮮出兵への不満から（あるいは秀吉に対する不満とも）、突如として佐敷城《さしきじょう》（熊本県芦北町）を占拠すると、周囲に一揆に応じるよう呼び掛けた。一揆は歳久のみならず、島津氏をも苦境に陥れたのである。

国兼には歳久の配下の者が多数味方したといわれたので、歳久は秀吉から一揆との関与を疑われた。結局、秀吉から嫌疑を掛けられた歳久は、兄の義久から追討された。攻撃を受けた歳久は自害しようとしたが、中風のためそれすら叶わなかったという。戦いの結果、歳久は配下の原田甚次に首を取られた。その後、二十七名もの家臣が殉死したと伝わっている。梅北一揆そのものも、わずか三日で鎮圧された。

梅北一揆の勃発は予想外のことだったが、九州征伐後の島津家は義久・義弘兄弟の不和も相俟って、弱体化する傾向にあった。そうした状況下において勃発したのが、庄内の乱なのである。

伊集院幸侃《こうかん》の暗殺

慶長四年（一五九九）三月、義弘の子・忠恒《ただつね》（家久《いえひさ》）が重臣の伊集院幸侃（忠棟《ただむね》）を伏見（京都市伏見区）の島津邸で斬殺した。これが庄内の乱の原因である。庄内の乱は、慶長四年六月に勃発した日向国庄内（宮崎県都城市及びその周辺）における、島津氏とその重臣・伊集院忠真《ただざね》との戦いである。

ことの発端は、天正十五年（一五八七）の九州征伐にさかのぼる。秀吉との戦力差を実感した幸侃は、島津家中で早々に降伏することを主張していた。降伏後は戦後処理で尽力し、上洛して自ら折衝役を担当した。こうして島津家は存続するが、幸侃の優れた手腕は秀吉に認められ、大隅国の肝属一郡を与えられたのである。幸侃は才覚をもって、秀吉から厚遇されたといえよう。

文禄三年（一五九四）、島津領内で検地が実施されると、幸侃は秀吉から日向国都城（宮崎県都城市）に八万石を与えられた。これは、破格の扱いである。しかも、秀吉は幸侃に対して、検地後の知行配分という大役を担当させた。一連の秀吉による幸侃の重用ぶりは、島津家中に大いに不安を抱かせたといえる。大禄を持つ家臣が存在すると、家中での発言権が増し、脅威になるからである。

義久には跡継ぎとなる実子がなく、義弘の子・久保が養子となって家督を継いでいた。先述のとおり、文禄の役の出陣中に久保が亡くなったので、その弟の忠恒が代わりに島津家の当主となった。その際、忠恒は義久の娘・亀寿と結婚し、娘婿として迎えられたのである。

それまでの忠恒は酒色と蹴鞠に溺れ、放蕩三昧の生活を送っていたといわれており、義弘から厳しく叱責する書状が届いたほどである。ところが、忠恒は慶長の役に出陣すると、父・義弘に従って大いに軍功を挙げた。こうして忠恒は、島津家の後継者にふさわしい人物へ成長したという。

一方、島津家中で大きな発言権を持った幸侃は、久保の代わりに島津家の支族の島津彰《てる》久《ひさ》（垂水《たるみ》家の祖）を島津宗家の家督に推していたといわれている。結局、彰久も文禄の役の最中の文禄四年（一五九五）に巨済島で病没したので、この話は実現しなかった。こうしたことも、島津家中の面々が幸侃を危険視する要因となった。

幸侃の不穏な動きは、これだけに止まらない。文禄・慶長の役の際、島津氏は財政難から十分な兵力や兵站《へいたん》を準備できないまま、朝鮮半島へと渡っていった。当然ながら、国元からの食糧や武器などの補給が十分に行われなかった。朝鮮に渡海した忠恒は、その原因が国元にいた幸侃の仕業であると考えたのである。

『庄内軍記』などの編纂物には、幸侃が薩摩、大隅、日向を掌中に収めようとしており、それを忠恒が知ったなどと書かれているが、現在では否定的な見解が多数を占めている。もちろん、一次史料による裏付けはなく、幸侃を貶めるため意図的に書かれたものだろう。

そのようなことが原因となって、慶長四年（一五九九）三月、忠恒は京都伏見の島津邸において、幸侃を殺害したのである。幸侃殺害の実行に際しては、義久と忠恒が計画したという説、義弘と忠恒が計画した説などがあるが、残念ながらそのあたりは詳らかではない。幸侃が殺害されたあと、義久は石田三成に手紙を送り、自身はまったく知らなかったこと、忠恒の短慮による突発的な事件だと主張していた。幸侃を殺害した忠恒は謹慎した。

庄内の乱の勃発

幸侃が殺害されたことは、ただちに子の忠真のもとに伝わった。一方の義久は家臣から忠真に与しないという内容の起請文《きしょうもん》を提出させ、同時に都城への通行を遮断した。義久は断固たる態度で臨もうとしていた。忠真は一族・家臣と今後のことを協議したところ、意見は旧領安堵の保障を要求する案（以後も島津家に仕える）と徹底抗戦の二つに割れたという。結果、忠真は徹底抗戦の道を選択した。

とはいいながらも、忠真が迷ったのは事実である。忠真は義久に滅ぼされることを恐れ、義弘に島津宗家との仲介を依頼した。しかし、義弘の意見は、忠真に君臣の秩序を守ること、伊集院家を存続させるために困難を忍ぶべきというものだった。つまり、戦争になる前に出頭し、詫びを入れるべきという意見である。

慶長四年（一五九九）五月の段階において、忠真は城の普請をするなどし、飫肥《おび》（宮崎県日南市）の伊東祐兵《すけたか》、肥後の加藤清正から支援するとの約束を交わしていた。こうしたことも徹底抗戦に臨んだ理由だろうが、島津氏は伊東、加藤の両氏に抗議をしている。また、都城は恒吉城、梅北城、志和池《しわち》城、梶山城、勝岡城、山之口城、月山日和《がっさんひわ》城、安永城、野々美谷城、末吉城、山田城、財部《たからべ》（高鍋）城という十二の外城に守られており、忠真はそこに約八千の兵を置いて臨戦態勢を整えたという。

当時、在京していた義久は、六十七歳という高齢だった。そこで、義久は徳川家康のいる伏見に使者を遣わし、逼塞中の忠恒の帰国を許して欲しいと懇願した。結果、家康は忠恒の帰国を許可するだけでなく、忠真の討伐も許した。家康の許可を得たという意味は大きく、それは家康にとっても自らの権威を示す機会となった。こうして同年六月以降、忠恒は忠真討伐を実行したのである。

当初、戦いは忠恒方が有利に運ぶ場面もあったが、忠真も地の利を生かして徹底抗戦した。その後も戦いは膠着状態が続いた。

同年七月、家康は援軍の要請があれば応じる旨の見解を示し、飫肥の伊東祐兵と人吉(熊本県人吉市)の相良長毎《ながつね》に島津家を支援するよう書状を送っていた。家康が島津家を支援した意図は、種々の見解が示されている。中でも重要なのは国内における私戦の鎮圧が豊臣政権の役割の一つであり、五大老筆頭格の家康にしかできないことと自認した気持ちの表れという見解である。同時にそうすることで、家康は島津氏へ恩を売ることになり、影響力が保持できる。それはつまり、豊臣政権における家康の存在感を高めることにもつながった。

家康の意向と島津氏の凋落

忠恒と忠真の戦いは、予想外にも長期化した。その間、家康は家臣の山口直友《なおとも》を庄内に派遣し、状況を報告させていた。

以後も忠恒は忠真の城を攻め続けたが、芳しい成果が得られなかった。これより以前、忠真は豊臣家の家臣だった寺沢広高《てらざわひろたか》に書状を送り、もはや島津氏に奉公する気がないことを伝えていた。忠真には、島津氏と和睦する気持ちがなかったのである。

慶長五年(一六〇〇)二月、危機を感じた義弘は忠恒に書状を送り、山口直友の和睦調停に従うよう説得した。義弘が恐れたのは、家康や直友の心証を悪くする点にあった。この前後には、後述する宇喜多騒動が勃発したこと、加賀前田家の動きも影響していた。そのような事情から、義弘は一刻も早く事態を収拾したいと考え、もはや家康の存在なくしては、事態の収拾ができないと腹をくくったのである。

実際に直友が和睦交渉を開始したのは、慶長五年二月のことである。同年二月二十日、直友は和睦が成立しそうな様子になったので、島津方に戦闘の中断を申し入れた。そして同年二月二十九日、直友は義久・忠恒の二人から起請文を提出させた。その内容は、次の二点に要約されよう。

①忠真が島津家に奉公しないと言ったことは遺恨に思うが、家康様の調停なので遺恨

を捨てる。

②忠真が島津家に奉公するならば、以前のように召し使う。

島津氏は忠真に対する遺恨を捨て、以前のように島津家に仕官することを認めたのである。同年三月になると、忠真方に与した諸城は次々と島津氏に降伏し、いよいよ忠真も和睦を受け入れざるを得なくなった。こうして忠真は起請文を提出し、直友の仲介に従って和睦を受け入れ、慶長五年三月十五日に都城を退去したのである。このようにして、約九ヵ月にわたる庄内の乱は終結した。

庄内の乱では、島津家の家中統制の問題点が露見した。また、戦いが長期にわたり、忠真を容易に鎮圧できなかったことも芳しいことではなかった。それより重要なことは、乱の鎮圧のために、家康の介入を許したことであろう。家康は自身の威光を示しえたが、島津氏は体制の不備がクローズアップされた。それは、すべて家中の統制の問題に集約されよう。ここから急速に島津家中が結束したとは考えられず、家中が弱体化したままで関ヶ原合戦に突入することになる。

宇喜多秀家とは

宇喜多氏は備前国東部に勢力基盤を持つ土豪であり、応仁元年（一四六七）から始まる応仁・文明の乱以降に史料上に姿をあらわした。中興の祖・能家《よしいえ》が浦上氏のもとで台頭し、直家《なおいえ》の代に至って浦上宗景《むねかげ》を打倒。以後、東から攻めてくる織田氏、中国地方最大の勢力である毛利氏の狭間にあって、巧みな戦略で生き残った。秀家は、直家の子である。

直家の死後、秀家が宇喜多家の家督を継ぐと、豊臣秀吉が厚遇した。秀吉は養女の豪姫（前田利家の娘）を秀家のもとに嫁がせ、豊臣ファミリーの一員に加えた。秀家は若くして中納言に昇進したが、それは秀吉の影響が大きかったといえよう。慶長三年（一五九八）八月に秀吉が亡くなると、秀家は五大老の一人として豊臣政権の運営に参画した。まさしく秀家は順風満帆だった。

諸大名が家中統制で苦しむ中で、宇喜多氏にも同様の事態が発生していた。それが慶長四年（一五九九）末から翌年にかけて起こった、宇喜多騒動である。秀家は着々と豊臣政権内で地歩を固めたが、思いがけず足元をすくわれたのである。

この騒動に関しては、いくつかの説が提示されているが、根拠となる一次史料が極端に少なく、多くは二次史料をもとに説明されてきた。二次史料には執筆の意図や背景があり、少なからずバイアスがかかっている。宇喜多騒動を記述する二次史料の多くは、虚実入り交じっていると考えられ、必ずしも良質な史料とはいえないという問題がある。

◎宇喜多氏略系図

能家——興家——直家——秀家

それらの二次史料を一読すると、いずれも記述内容に一貫性がないうえに、明確な根拠がないままにさまざまな説が書かれている。それゆえに、一次史料の裏付けがないまま、安易に信じるのは危険であり、二次史料をいくつも並べて検討しても、さほど意味がなさそうである。次に、この事件の概要を述べることとしたい。

騒動の経緯とは

事件の概要を示す一次史料は、相国寺《しょうこくじ》（京都市上京区）の塔頭《たっちゅう》・鹿苑院《ろくおんいん》の僧録司《そうろくし》の代々の日記『鹿苑日録』慶長五年（一六〇〇）正月八日の記述である。非常に短い記事であるが、事件の概要を現代語訳して記すと、次のようになろう。

秀家の側近である中村次郎兵衛が去五日に亡くなった。その理由は、この頃に中村次郎兵衛が宇喜多秀家の年寄衆を差し置いて、専横な振る舞いを行ったためであるという。中村を討ったのは、秀家から放逐された牢人らであった。その後、首謀犯は大谷吉継《よしつぐ》のもとを訪れた。秀家には、このことを知らせなかった。首謀犯を失った秀家の配下にあった七十人の家臣は、各地へ落ち延びていった。

討伐されたという中村次郎兵衛は、もともと前田利家の家臣だった。豪姫が秀家に嫁ぐ際、同行して宇喜多家に仕官したという。中村氏に関する史料も非常に乏しく、宇喜多家の大坂屋敷の家老であったなどといわれているが、詳細は不明な点が多い。実は右の記述のうち、中村次郎兵衛が討たれたというのは誤りである。わずかこれだけの情報では、詳細を探るのは難しい。

宇喜多家を辞去した中村次郎兵衛は、再び慶長七年（一六〇二）頃から加賀藩の前田家に仕えたことがわかっており、事件で殺害されず存命だったのは明らかである。次郎兵衛は加賀藩で寺社の取次役や年貢の算用を行うなどし、二千石の知行を与えられ、名乗りも「次郎兵衛」から途中で「刑部丞」に変えている。没したのは、寛永十三年（一六三六）七月のことである。

年未詳ではあるが、中村次郎兵衛が宇喜多氏の家臣・池田助左衛門に対して、「宮保の内二百石」を「坂折宮」（岡山市北区）へ奉納し、「神主社僧中」へ引き渡すように命じた史料がある（『黄薇古簡集《きびこかんしゅう》』）。坂折宮は現在の岡山神社のことで、古くは岡山明神とか坂下《さかおり》明神と称されていた。その際、中村次郎兵衛が宇喜多家の重臣・浮田太郎左衛門や浮田河内守に申し入れを行っているので、家中で高い地位にあったことが明白である。中村次郎兵衛は、少なくとも宇喜多氏家臣団の中核にあったといえるだろう。

事件の五日後には、首謀者が磔《はりつけ》にされたことが確認できる（『時慶記』）。その四ヵ月後の同年五月十二日、大谷吉継、西笑承兌《さいしょうじょうたい》（臨済宗の僧侶で豊臣家の外交などを担当）および奉行衆は長束正家《なつかまさいえ》邸において、宇喜多氏の騒動について協議を行った（『鹿苑日録』）。さらにその十日後には、この問題の措置が決定したことが判明する（『武家手鑑』）。同年五月下旬の段階で、騒動はいったん収まったと考えてよいであろう。ただ、右に挙げた史料には、事件の具体的な経緯や内容まで詳しく書かれておらず、隔靴掻痒《かっかそうよう》の感が残る。

その中で一番大きな問題は、首謀者の名前が史料に書かれていないことである。一次史料に事件に関する詳細な顚末が書かれていない以上、従来説や先行研究を踏まえつつ、もう少し事件の周囲の状況を調べる必要がある。

襲撃犯は誰だったのか

近年の研究によって、次の者が襲撃犯であるという可能性が高いと指摘されている。なお、下段の知行高は、『宇喜多家分限帳』による。

①戸川達安《みちやす》（一族の助左衛門、又左衛門も含む）――二万五千六百石
②宇喜多詮家《あきいえ》――二万四千七十九石
③岡越前守――二万三千三百三十石
④花房正成《まさなり》・幸次《よしつぐ》父子――一万四千八百六十石
⑤角南隼人・如慶兄弟――二千二百八十石
⑥楢村監物――三千石

右の面々の知行高を見ればわかるように、特に①～④の家臣は一万石を超える大身の家臣たちだった。中でも宇喜多詮家は、父を忠家とする宇喜多氏の一族の重鎮でもある。⑤⑥の角南氏、楢村氏はやや石高が低いが、家中では重んじられていた。つまり、騒動を起こした張本人は下級家臣ではなく、宇喜多家中の重臣だったことが判明する。むろん襲撃は

突発的に行われたのではなく、それ以前から秀家（あるいは中村次郎兵衛）に不満を抱き、周到な準備のもとで計画的に行われたのだろう。果たして、騒動の原因はどのようなことだったのか。

近世の編纂物の『備前軍記』、『戸川記』などによると、日蓮宗を信仰する戸川達安を中心とするグループ、そしてキリスト教を信仰する中村次郎兵衛との間では、宗教上の信仰をめぐって対立があったとされる。備前国では日蓮宗が大きな勢力を保持していたが、キリスト教が日本に伝わって以降はキリシタンが増えていた。

ところが、この説には難があると指摘されている。たとえば、宇喜多詮家や岡越前守はキリスト教徒だったと考えられるが、それらの編纂物では日蓮宗の信者になっており、基本的な事実を間違えている。したがって、宗教的な対立を騒動の原因とする説は、今では誤りとして否定されている。そもそも『戸川記』は戸川氏サイドに立脚して書かれているので、割り引いて考える必要がある。

負担となった過酷な検地

そのほかの騒動に関する有力な説としては、徹底した検地による過酷な年貢の徴収などが原因として指摘されている。文禄・慶長の役により、宇喜多氏は軍費などを捻出すべく徹底した検地を行った。その結果、年貢は増収となったものの、かえって軍役（派遣する軍勢の数など）の負担も増えたうえに、農民の不満が高まったのが原因と考えられる。軍役の負担が増えたのは、検地により領国の総石高が増えたからである。この説については、近世に成立した編纂物にも記されている。

家臣は多大な軍役負担に音を上げ、年貢の重い負担に耐えかねた農民は土地を捨て逃亡し、両者ともに強い不満を抱いた。その不満は、秀家だけでなく重臣にも向けられた。彼らの不満が大爆発した結果が、宇喜多騒動の要因だったということになろう。当時、文禄・慶長の役に伴って、徹底した検地と年貢の厳しい徴収は各地で行われ、諸大名は似たような問題を抱えていた。

戸川達安ら家臣には、文禄・慶長の役に伴って著しく加増がなされた。加増された理由は、文禄・慶長の役で死亡した者の土地を給与されたとも考えられるが、単にそれだけではないであろう。慶長三年（一五九八）、秀家は達安に対して美作国山内・高田（岡山県真庭市）近辺に五千石を与え、百姓の撫育《ぶいく》、田畑の整備、荒地の開墾を命じ、三年間の軍役（軍事上の役務）を半分にすることを伝えた。つまり、徹底した検地と付随する政策を行うことにより、将来徴収すべき年貢を確保する目的があったのである。

宇喜多氏の家臣団は自立した領主層によって構成され、その連合体的な性格が強い。大身の家臣は城持ちの領主だったが、末端の家臣は未だ中世的な土豪的要素が色濃く、兵農未分離の状態だった。土地に根付いていた中小領主は、検地による年貢の増徴や軍役負担を避けたいと考えていたのは間違いない。そうしなければ、百姓の不満が高まり逃亡するなどし、破綻するのが目に見えているからである。中小領主を束ねる戸川氏ら重臣も、同意見だったかもしれない。

秀家や秀家を支える中村氏らは、文禄・慶長の役を控えて徹底した検地を行い、年貢の増徴や軍役負担を増やそうとする推進派だった。一方の戸川氏ら重臣は中小領主層の代弁者で、そうした政策を抑え込もうとしていた。検地の実施をめぐっては、宇喜多氏や秀家を支える中村氏らと、戸川氏らの重臣層の対立があったことも騒動の大きな要因の一つと考えてよいだろう。

宇喜多家を退去していた家臣

宇喜多騒動が勃発する以前に、宇喜多家中を辞した重臣もいた。美作方面の支配を任されていた、譜代の花房職之《もとゆき》である。つまり、宇喜多家中の軋轢《あつれき》は、騒動以前にも見られたのである。

職之が宇喜多家中を辞したのは、文禄三・四年（一五九四・九五）頃のことである。ちょうど文禄の役の最中だった。一説によると、職之は文禄四年（一五九五）における豊臣秀次の失脚に連座したといわれているが、それは誤りであると指摘されている。以下、宇喜多家中を職之が辞した経緯について、職之自身の書状（吉川広家《きっかわひろいえ》宛）で確認することにしよう（「吉川家文書」）。

職之が宇喜多家中を辞した理由は、秀家との対立にあったとされているが、二人の関係が悪化した詳しい理由は不明である。秀家は職之を厳罰に処する考えだったが、豊臣秀吉から宥められたこともあり、命だけは助けることにした。この事実からうかがえるように、重臣の花房氏を処分するには、秀吉の助言なりが必要だった。それは、宇喜多氏権力を考えるうえで重要なことであり、秀吉が宇喜多家中の問題に介入し得る存在だったことを意味している。

最終的な処分は、職之に常陸《ひたち》国での蟄居《ちっきょ》を命じて堪忍料（主君から客分の者などに給与した禄）を与え、佐竹義宣《よしのぶ》に預けるということになった。こうして職之は、子の職則《もとのり》とともにに常陸に逼塞したのである。その際には、徳川家康が関与していたといわれており、蟄居先に何らかの仲介があったと推測される。

慶長五年（一六〇〇）九月に関ヶ原合戦がはじまると、職之は東軍に属して活躍し、戦後は八千石の所領を与えられて旗本寄合に列した。もはや旧主である宇喜多氏には何の未練もなく、家康に与したのであろう。

問題となった宇喜多氏家臣団の統制

ここまで述べたとおり、宇喜多氏にとって大きな問題なのは、家臣団の統制だった。宇喜多氏の家臣は在地領主的な性格を色濃く残しているような、中小領主層で編制されていた。たとえば、戸川氏はもともと在地に根差して領主権を確立していたが、やがて城持ちとなり、約二万五千石の知行を得ていた。つまり、宇喜多氏は領国内に大名を抱えているようなものだった。宇喜多氏家臣団で大きな発言権を持ったのは、戸川氏のような大身の「国衆型家臣」であり、「家中型家臣」は実務を担う存在に過ぎなかった。

秀家は文禄・慶長の役に伴って徹底した検地を行ったというが、それがどこまで実効性があったのかは疑問が残る。当時の検地は、自己申告の指出《さしだし》による検地が多く、実際に面積などを測る丈量による検地は少なかったといわれている。しかし、年貢徴収は宇喜多氏や領民にとって重要なことだったので、実際は指出と丈量を組み合わせて実施されたと考えられる。

秀家は朝鮮への出兵に備えて、年貢や軍役の負担を増やす必要があった。そこで、無理をして帳面上の石高を増やした可能性も否定できない。軍役は、石高に応じて増える仕組みだった。宇喜多氏は秀吉の期待に応え、文禄・慶長の役に対応すべく、石高を多く見積もっていたのではないだろうか。

宇喜多氏領国の総石高を検地帳の帳面上で増やさない限り、文禄・慶長期に宇喜多氏家臣が年を追うごとに加増された理由が説明できない。帳面上で石高を増やしただけなのに、実際の年貢や軍役の負担が増徴されるシステムに対しては、家臣も百姓も困惑したに違いない。検地の実態については、さらに検証が必要であろう。

秀家が戸川氏のような大身の家臣を完全にコントロールできたのかについては、少なからず疑問が残る。秀家は戸川氏への知行宛行《あてがい》（所領の付与）を行った際、自身の判物《はんもつ》（花押《かおう》を据えた文書）に秀吉の袖判《そではん》（文書の袖に花押を据えること）を得ていた。これは、極めて異例である。戸川氏が望んで秀吉の袖判を得たのか、ほかに理由があるのか不明である。

いずれにしても、秀家の大身の家臣が家中で大きな発言権を持っていたのはたしかであり、それぞれが一個の権力体のような存在でもあった。彼らのコントロールに秀吉の助力が必要だったならば、なおさらのことだろう。

宇喜多氏が抱えた課題

宇喜多氏の領国支配における課題は、広大な領域をいかに支配するかだった。当初、宇喜多氏の支配は備前国東部が中心であったが、やがて備前一国に加えて、美作国や備中国、播磨国の一部にも及んだ。天正三年（一五七五）九月、秀家の父・直家は浦上宗景を天神山城（岡山県和気町）から放逐することに成功した。その後、明石氏ら浦上氏家臣の一部を自らの家臣団に迎えたので、宇喜多氏家臣団は新旧入り交じった編制となる。こうした事態は宇喜多氏だけでなく、ほかの大名も領国拡大化の過程で、決して避けることができなかったといえる。

秀家は譜代の家臣に支えられながらも、自身の手足となる「家中型家臣」を求めた。秀家は有能な家臣に「浮田」姓を与え、実務的な官僚として登用した。さらに、秀家はブレーンとなるべき家臣を欲し、出頭人《しゅっとうにん》的奉行人の中村次郎兵衛を重用することで、譜代の家臣の発言権を抑え込もうとした。ある意味で、大身の譜代の家臣は使いにくかったのかもしれない。では、出頭人とは何のことだろうか。

出頭人とは、主君に近侍して権勢を振るった家臣のことである。出頭人は主君からの恩寵を前提として、ときに大きな発言権を持ち、主君と家臣との間を取り次いだ。個人的な寵を受けた出頭人は新参の者も少なくなく、譜代の家臣と対立することもあった。秀家は戸川達安らの譜代の重臣との関係を維持しながらも、一方で中村次郎兵衛のような新参の出頭人を身辺に置き、専制的な領国支配を志向したといえる。

秀家は譜代の家臣を牽制すべく、中村次郎兵衛を登用したが、検地などの政策をめぐって、次郎兵衛が戸川氏ら譜代の重臣たちと対立した可能性がある。そうした秀家と新旧家臣の路線の対立の果てに勃発したのが、宇喜多騒動と考えられる。それは、単に宇喜多家中で解決できる問題ではなく、解決には徳川家康の関与があったという。

騒動に関与した家康

光成氏の研究によると、宇喜多騒動の解決に際しては、徳川家康の関与があったと指摘されている。

騒動の勃発後、首謀者は大谷吉継のもとに出頭したが、吉継は処分を公儀に委ねた可能性があり、首謀者を秀家に引き渡さなかったという。その理由としては、①秀家による上級家臣の処分は、家中の弱体化を招くこと、②処分を行ったことにより、秀家の責任が問われる可能性があったこと、③それらを回避するには、穏便な措置が必要であったこと、という三つの可能性が示されている。

それだけ首謀者である重臣たちは力を保持しており、処分を誤った場合は、宇喜多家中が崩壊することも十分に予測された。逆に言えば、秀家が重臣たちをコントロールできれば、このような問題は起こらなかったはずである。いずれにしても、秀家がこの問題を解決するには、いささか力量が不足していたといえる。

この重要事項を裁断できるのは、もはや五大老の筆頭格である徳川家康しか存在しなかった。そこで、事態の収拾を委ねられた家康は、秀家が親豊臣派で反徳川の姿勢が強かったので、牽制・弱体化させようと目論んだのである。それは、厳罰に処すべき首謀者たちを逼塞という軽い処分に止めたことだった。そうすることにより、宇喜多家中における秀家の影響力を薄めた。たとえば、戸川達安の処分は、家康の自領である岩槻《いわつき》（埼玉県さいたま市）に配流《はいる》にした可能性が高いと指摘されている。

家康の宇喜多家中への介入は、その後の関ヶ原合戦に大いに影響した。関ヶ原合戦がはじまると、達安は東軍に属して戦った。戦後、達安は恩賞として、備中国のうち二万九千二百石を与えられた。これが、のちの庭瀬藩に発展したのである。達安はすっかり家康派に転じていた。

家康に宇喜多騒動の解決を委ねたことは、秀家に大きなダメージを与えた。その理由は、宇喜多家中の統制の不十分さが露呈することになり、処分の不徹底さが広く知れ渡ったからである。騒動で中村氏の襲撃に加わったとされる家臣の中には、宇喜多家への帰参を許された者もあったが、一方で達安のように家康の庇護を受けた者もあった。結局、彼らは関ヶ原合戦で家康の味方となり、江戸時代になると大名に取り立てられた。

家康は、早い段階から宇喜多家中の動揺を知っていたのではないだろうか。ゆえに、家康は宇喜多家中を骨抜きにすべく、積極的に騒動の解決に関与した可能性がある。結果的に、騒動の首謀者は家康に庇護されたのだが、家康が早く状況を察知して行動しなければ、迅速な対応を説明できないだろう。島津氏の庄内の乱と同じく、家康は宇喜多騒動の鎮圧に関与することにより、豊臣政権内の地位を確固たるものにしたのである。

政治路線をめぐる対立

慶長四年（一五九九）三月、秀家は家康に対して、起請文を捧げて忠節を誓った（「東京大学史料編纂所所蔵文書」）。家康と前田利長の話し合いを踏まえて、秀頼を疎略に扱わないのであれば、秀家は二人と力を合わせて奉公するという内容のものである。秀家の妻・豪姫は前田利家の娘だったので、宇喜多氏が利家没後に利長と関係の強化を図り、政権を維持しようとしたのは当然のことであった。

秀家はもともと反家康的な態度を取っていたが、利家の跡を継いだ利長の尽力によって、豊臣政権維持の協力を確約したということになろう。しかし、その数ヵ月後には、家康によって利長も事実上の失脚をした。謀反の疑いを掛けられた利長は、家康に屈服したのである。わずか数ヵ月の間に、大きく政局が転換したことには注意すべきだろう。

そもそも宇喜多氏が権力を維持するために秀吉の助力を必要としたならば、家康の台頭や政治状況の変化は宇喜多氏家臣団に大きな動揺を与えただろう。加えて、検地や家臣間の対立の問題だけでなく、秀吉没後の政治路線をめぐる対処についても、家康につくべきか否かなどをめぐって、家臣間で意見が分かれていたのではないかと推測される。

それは、従前どおり豊臣家を守り立てていこうとするグループと、家康側へシフトしようとするグループとの対立である。一連の動きを見る限り、宇喜多氏の家臣の中から反家康的な体質を改めようと考え、家康に与する優位性を説く者がいても不思議ではない。そう考えることが可能ならば、騒動後の宇喜多氏旧臣が続々と東軍に与した理由が明確になるといえる。

家中騒動は主君と対立する者を家中から追放するので、かえって家中の結束を強める効果があったのも事実である。しかし、宇喜多氏のように国衆の連合政権的な性格を持つ家臣団のケースでは、有力な家臣らが多数退去したため、かえって弱体化が進んだと考えられないだろうか。

騒動により宇喜多家中の結束を高めることができたかどうかは、大いに疑問が残る。こうして宇喜多氏は、家中に不安定な要素を抱えたまま、一丸となることができずに関ヶ原合戦に突入した。宇喜多氏は不足する軍勢の数を賄うため、牢人を雇うことで補った。それゆえ、軍勢には一体感がなかったという。戦いの結果、西軍は東軍に敗れ、秀家は逃亡し薩摩の島津氏を頼った。その後、秀家の身柄は幕府に引き渡され、八丈島に流されたのである。

この章の主要参考文献

石畑匡基「宇喜多騒動の再検討　『鹿苑日録』慶長五年正月八日条の解釈をめぐって」（『織豊期研究』一四号、二〇一二年）
福尾猛市郎『大内義隆』（吉川弘文館、一九八九年）
藤井崇『大内義隆』（ミネルヴァ書房、二〇一九年）
光成準治『関ヶ原前夜　西軍大名たちの戦い』（角川ソフィア文庫、二〇一八年）
山本博文『幕藩制の成立と近世の国制』（校倉書房、一九九〇年）
山本博文『島津義弘の賭け』（読売新聞社、一九九七年）
米沢英昭「庄内の乱に見る島津家内部における島津義久の立場」（『都城地域史研究』七号、二〇〇一年）
米原正義『大内義隆』（戎光祥出版、二〇一四年）
渡邊大門『戦国期赤松氏の研究』（岩田書院、二〇一〇年）
渡邊大門『戦国期浦上氏・宇喜多氏と地域権力』（岩田書院、二〇一一年）

第四章

親が子を殺した事件

武田信玄・義信父子

徳川家康・信康父子

豊臣秀吉・秀次父子

親と子はなぜ争うのか

通常、戦国大名の当主が亡くなると、家督は嫡男に譲られた。しかし、その嫡男の身心に問題があったり、統治能力に欠けたりする場合は、次男以下の男子に家督を継がせることもあった。むろん、当主が家督を譲る際は、家臣の意向も重要だったので、決して無視できなかった。

同時に、当主が気掛かりだったのは、我が子がしっかりと家を保つことができるかという点である。そこで、当主は自分が生きている間に家督を譲ることもあったが、それは当主の完全な引退を意味しない。当主自らが後見として残り、少しずつ我が子に権限を委譲していくのである。こうすることで「帝王学」を伝授し、我が子と家臣の良好な関係を築いたのである。

当主が急死して、幼い子が跡を継いだ場合、家臣が実権を掌握することもあった。それどころか、最悪の場合は下剋上ということもありうる。戦国大名の当主は、そうした最悪の事態を避けるため、早い段階から家督継承のことを考えていたのである。

ところが、いかに若いとはいえ、家督を譲られた当主も自分の考えがあった。それが父の意向と一致していれば問題ないが、そうでなければ悲劇である。最終的に親子で戦うことなったのである。以下、そうした事例を見ることにしよう。

武田義信とは

武田信玄にまつわる事件の中で、未だ神秘のベールに包まれているのが、武田義信謀反事件である。義信は天文七年（一五三八）に信玄の長男として誕生した。母は、正室の三条夫人。元服したのは天文十九年（一五五〇）のことで、その二年後には具足召し始めを行った。天文二十一年（一五五二）十二月には、甲駿相三国同盟（武田・今川・北条の三者同盟）の一環として、義信は今川義元の娘を妻として迎えた。

義信の前半生は順調だった。天文二十二年（一五五三）に将軍・足利義輝から「義」の字を与えられ「義信」と名乗った。初陣を果たしたのは、その翌年である。弘治四年（一五五八）一月、義信は父・信玄の推挙によって、将軍から准三管領に任じられた。翌永禄二年（一五五九）になると、川中島の戦いの和睦に際して、信玄・義信の連名宛で将軍から御内書《ごないしょ》を与えられた（『大館記紙背文書』）。以上の流れから、義信が信玄の後継者となることは、誰の目にも明らかであったといえよう。

しかし、永禄三年（一五六〇）の桶狭間合戦において、義父の今川義元が横死したことは暗い影を落とした。それだけではない。戦略をめぐっても、親子の意見は相違した。永禄四年（一五六一）の第四次川中島合戦において、武田軍は上杉軍の奇襲攻撃を受けた。その際、信玄は徹底抗戦に臨んだが、義信は態勢を立て直すため、いったん陣を引くことを提案したという。

そうした状況下で事件が勃発したのである。なぜ、信玄と義信の関係が悪化したのか確認しておこう。

事件の経緯

信玄と義信の関係が悪化した理由は、『甲陽軍鑑』といった二次史料に書かれている。先述したとおり、永禄三年の桶狭間合戦で今川義元が織田信長に敗れ、戦死したことも理由の一つとして考えられている。義元が亡くなり、子の氏真《うじざね》が家督を継いだものの、今川氏の弱体ぶりは明らかだった。信玄は衰退した今川氏を見限り、駿河侵攻を目論んだが、義元の娘を妻とした義信はそれが許せなかったようである。

また、先に触れた永禄四年の第四次川中島合戦において、武田軍が上杉軍の奇襲攻撃を受けた際、義信が十分に支えきれなかったことも問題視された。あろうことか、義信は弱気になって、いったん兵を引こうとしたのだから、信玄はその力量に疑問を感じたのかもしれない。

永禄五年（一五六二）八月、龍雲寺《りゅううんじ》（長野県佐久市）の北高《ほっこう》和尚と大善寺（山梨県甲州市）の高天和尚が二人のことを心配し、関係修復を試みたが、これは失敗に終わったという。『甲陽軍鑑』には、永禄七年（一五六四）七月、義信は長坂源五郎（光堅《みつかた》の子）と結託し、かつて武田信虎の追放を画策したとされる飯富虎昌《おぶとらまさ》を頼りにして、信玄への謀反を企んだと書かれている。

義信は源五郎とともに虎昌のもとを訪れ、謀議を催した。しかし、武田氏の目付がその状況を見ており、すぐに信玄に義信の悪事を報告した。山県昌景《やまがたまさかげ》（虎昌の弟）は、義信が自筆で企てを書いた虎昌宛の書状を信玄に見せたので、信玄は義信の謀反を確信したという。この事件は、『甲陽軍鑑』の記述によって永禄七年（一五六四）七月とされてきたが、最近の研究では永禄八年（一五六五）十月が正しいと指摘されている。同年六月には義信の書状が残っているので、永禄七年（一五六四）七月の時点で謀反が発覚したとは思えず、年代的に矛盾するのだ（「美和神社文書」）。

その結果、虎昌は切腹を命じられ、義信直属の家臣は国外追放処分となった。虎昌が首謀者であったことは間違いなく、十月二十三日の段階で死を命じられたことを示す書状を確認できる（「尊経閣文庫所蔵文書」）。その書状には、謀反を画策した虎昌を成敗したので、親子関係はこれまでどおり問題ないということが書かれている。

肝心の義信は、とりあえず甲府にある東光寺（山梨県甲府市）に幽閉された。それだけではなく、義信は妻とも強制的に離縁させられたという。では、なぜ義信は謀反を画策したのであろうか。それは、単に川中島合戦における、作戦上の対立だったのか。あるいは桶狭間の戦いにおける義元の死だったのか。

ほかに理由として考えられるのは、信玄が西進策（信濃・飛騨への出兵）に路線を転換したのに対し、義信は北進策にこだわっていたのではないか、ということである。たしかに、信玄は子の勝頼を信濃国高遠城主とし、諏訪氏の養子に送り込んでいた。北の難敵である上杉謙信よりも、中小領主の多い信濃・飛騨方面がやりやすかったのかもしれない。

そして、義信にとって、それ以上に衝撃的なことが起こった。

異母弟・勝頼の結婚

衝撃的なこととは、永禄八年（一五六五）九月、義信の異母弟・勝頼と織田信長の養女との婚姻が決定したことである（『甲陽軍鑑』）。勝頼は信玄の側室の子で、諏訪氏の家督を継いでいた。いうまでもなく、信長は義信の義父である義元を殺した張本人である。信玄は凋落の様相を見せていた今川氏に見切りをつけ、逆に興隆しつつあった織田氏との連携が得策であると考えたのであろう。

そのように考えると、義信が動揺したのも無理からぬところである。自分に代わって、勝頼が当主の座に就く可能性も出てきたのである。実際に義信が信玄に叛旗を翻したのは、勝頼の婚姻が進んでいる最中であった。義信の謀反から一ヵ月後の十一月、勝頼の婚儀の式は高遠城（長野県伊那市）で行われた。

その二年後の永禄十年（一五六七）八月、義信は信玄により、自害を命じられた（『甲陽軍鑑』）。義信が自害する直前、信玄は家臣に命じて、忠誠を誓う血判の起請文を提出させている（「生島足島神社文書」）。たとえ血のつながっている親子であっても、裏切りは許さないという、信玄の強い決意を読み取ることができよう。こうして義信を自害に追い込むことにより、信玄は自らの権力を家臣に誇示し、磐石の体制を築いた。なお、義信配下の八十余騎は処罰されるか他国に追放されたという。

事件の背景

事件の背景について、もう少し考えてみよう。そもそも信玄の家臣は、信玄と個人的な結びつきが強かったという。一方の義信の家臣は、老臣が多かったといわれている。かつて、老臣は信虎（信玄の父）を追放した経験があったので、利害関係が一致しない当主を追い出すことができると考えていた。

信虎は拡大志向が強く、家臣は軍役の負担が大変になったので、信玄を擁立して信虎を追放したといわれている。ところが、新たに武田家の当主となった信玄も拡大志向が強く、家臣にとって思惑どおりとならなかった。そこで、虎昌が中心となって義信を担ぎ出し、信玄に謀反を起こそうと考えたのだろうが、その計画は事前に漏れたようで、先述のとおり阻止されたのである。

義信の死後、妻の嶺松院《れいしょういん》は今川氏のもとに返された。この一連の出来事によって、三国同盟の一角は崩壊したといってもよいであろう。こうして信玄は自らの意に沿った西進策を着々と進めたのである。

徳川家康とは

徳川家康が岡崎城（愛知県岡崎市）主の松平広忠《ひろただ》の子として誕生したのは、天文十一年（一五四二）のことだった。母は、水野忠政《ただまさ》の娘の於大《おだい》の方である。幼名は竹千代で、以後は何度か改名するが、煩雑さを避けるため「家康」で統一する。

当時、広忠は、駿河の今川義元に従い、尾張の織田信秀（信長の父）と対峙していた。しかし、水野信元《のぶもと》（於大の方の兄）が織田方に寝返ったので、広忠は泣く泣く於大の方と離縁した。六歳になった家康は、義元のいる駿府に人質として向かおうとしたが、その途中で織田方に捕らえられた。家康が今川氏と織田氏の捕虜交換により、改めて駿府に向かったのは、天文十八年（一五四九）のことである。

家康は今川氏の家臣の関口氏純《うじずみ》の娘（築山《つきやま》殿）を娶り、名も義元の「元」の字を与えられて、元康と改名した。永禄三年（一五六〇）に桶狭間の戦いが勃発し、信長に急襲された義元が討たれた。義元の横死を契機として、家康は三河において自立を画策したのである。翌年、信長と和睦を結ぶと、永禄六年（一五六三）に名を家康に改めた。

◎徳川氏略系図

（松平）広忠――家康―┬信康
　　　　　　　　　　├秀康
　　　　　　　　　　└秀忠

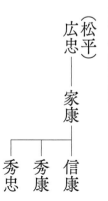

以降の家康は、信長とともに各地を転戦した。元亀元年（一五七〇）、家康は信長とともに浅井・朝倉連合軍を近江で撃破した（姉川の戦い）。その後、強敵となったのが甲斐の武田信玄である。元亀三年（一五七二）、家康は三方ヶ原の戦いで信玄に大敗を喫した。翌年、信玄が病没すると、跡を継いだ勝頼も家康に果敢にも挑んできたが、天正三年（一五七五）の長篠の戦いで、家康と信長の連合軍は勝頼を打ち破ったのである。

松平信康殺害事件の経緯

家康が大活躍している頃、大きな事件に巻き込まれた。松平信康殺害事件が勃発したのである。信康は、家康の嫡男である。

信長が家康を信頼するパートナーと考えていたのは疑いないが、天正七年（一五七九）九月に信長が家康に嫡男の信康を殺害させたことは、のちの遺恨になったといわれ、本能寺の変に影響したという説すらあるほどだ。家康は信康の殺害を指示されたので、信長に恨みを抱いたというのである。この事件について考えるため、最初に経過を示すことにしよう。

天正七年八月三日、家康は信康のいる岡崎城（愛知県岡崎市）を訪ねると、その翌日に信康は岡崎城を退去し、大浜城（愛知県碧南市）に入った。同年八月二十九日、家康によって、信康の母・築山殿が自害に追い込まれた。家康と妻の築山殿は、不和だったといわれている。築山殿は後述するとおり、武田氏に加担しようとした子の信康と行動をともにしたので、家康との関係が悪化したのである。

その後、信康は堀江城（静岡県浜松市）、二俣城（同上）に移され、同年九月十五日に切腹を命じられた。その間、家康は家臣らに対して、以後は信康と関わりを持たないという趣旨の起請文を書かせた。信康の首は信長のもとにいったん送られ、返却されてから若宮八幡宮（愛知県岡崎市）に葬られたのだ。

次に、信康殺害事件が勃発した事情について、通説を確認しておこう。元亀元年（一五七〇）、家康は領国が遠江国にまで拡大したので、信康に家臣を付けたうえで岡崎城の城主とし、三河国の支配を任せた。家康は複数国の支配を単独で行うのではなく、子にその一部を担当させたのだ。父が後見のような形となって子に家督を譲ったり、一定領域の支配を任せたりすることは、さほど珍しいことではない。

築山殿は夫の家康と不和だったので、信康の居城・岡崎城に留まり、家康の居城・浜松城に移らなかった。信康の妻は信長の娘の五徳だったが、五徳は築山殿との折り合いが悪く、出産するのは跡継ぎとなる男子ではなく、女子ばかりだった。こうしたことが災いし、天正五年（一五七七）頃から信康と五徳の関係も冷え切っていたという。一方、天正三年（一五七五）から信康は武田氏との合戦に出陣したが、目立った軍功がなかった。信康は武芸に励んだが、一方で些細な理由で人を殺すなど、人格に問題があったと伝わる（『松平記』）。

信康に対する評価は悪いものが多く、その情報はやがて五徳を通じて信長の耳に入った。五徳の十二ヵ条にわたる書状には、五徳と信康が不仲であること、築山殿が武田氏と内通していることなどが書かれていた。信長は信康や築山殿に強い不信感を抱き、家康に対して信康と築山殿の処分を要求したのである。家康は信長の意向に逆らえず、泣く泣く指示に従ったというのだ。

以上が通説的な見解だろう。とはいいながらも、後世に成った『松平記』が殺された信康や築山殿を悪しざまに描くのは、二次史料の常套手段にしか思えない。家康による信康や築山殿の殺害を正当化するためである。

自主的に信康らを殺した家康

右の通説的な見解に疑義を提示したのが、近年の研究である。柴裕之氏の研究は、信康殺害事件を徳川家中および政治路線をめぐる闘争という観点から、事件を読み解いている。

そもそも家康は、路線が異なった信康を廃嫡に止めるのではなく、あえて殺害に及んだという。この事件のポイントは、ここにあると指摘する。

天正三年以降の家康は、織田方の尖兵《せんぺい》として対武田氏の攻略に苦心惨憺していた。戦争は長期化し、その経済的負担も大きかった。それは、家臣や領民も同じであろう。一方の武田氏は御館の乱（上杉謙信没後の家督争い）の影響もあって、北条氏とも敵対するなど決して安泰ではなかった。

危機を感じた武田氏は、信長との和睦を模索し、併せて対徳川氏の政策つまり敵対する関係を見直そうとしたのだ。信康や築山殿に武田氏が接近したというのは、こうした政策転換にあったのではないかと指摘する。信康と築山殿は武田氏と結ぶことで、徳川氏の将来に活路を見出そうとしたのである。

一方で、武田氏と敵対した北条氏は、家康に急接近していた（「静嘉堂文庫集古文書」）。この家康と信康の路線の相違が、両者の対立を生み出した。家康は武田氏との戦争続行を主張したが、信康はこれまでの武田氏政策を見直し、接近を図ろうと考えた。徳川の家中は対武田氏の政治路線をめぐって、二つに割れてしまったのだ。このまま事態を放置すれば、徳川家中は崩壊する危機にあった。

結果、先述した五徳が信長に送った書状の一件が発端となり、天正七年（一五七九）七月に家康は家臣の酒井忠次《ただつぐ》らを信長のもとに遣わした。家康の意向は、これまでどおり信長に従い、武田氏との戦いを継続することだった。そこで家康自身が信康に真意を問い質した結果、自害を命じたということになる。その処分は、加担した築山殿に対しても同じだった。つまり、信康の処分は、家康の判断によるものだったのだ。家康は信康らを処分することで、今後の親信長の路線を明確にし、家中の結束を強めたのである。

信康殺害事件は決して信長から強要されて、家康が泣く泣く信康に自害を命じたものではない。家康は信長に従って武田氏討伐の決定を堅持し、その方針に反する信康が家中分裂、つまり徳川家の崩壊につながると予想し、敢えて信康を切った。こうした例は徳川家だけではなく、当時の戦国大名に見られた事例でもあり、家康が信長に命じられて、泣く泣く応じたという説は当たらない。

家康による信康殺人事件は、あくまで徳川家中の問題だった。苛烈な性格だったという信長の命令ではなかったのである。

豊臣秀吉とは

天文六年（一五三七）、豊臣秀吉は誕生した。秀吉は武士の子ではなく、農民の子だった。その前半生については良質な史料を欠くので、不明な点が多い。

秀吉が頭角をあらわしたのは、織田信長に仕えて以降である。永禄十一年（一五六八）に信長が足利義昭を推戴して入洛すると、秀吉は京都支配の一端を担うことになった。元亀元年（一五七〇）の姉川の戦い（信長と浅井・朝倉連合軍との戦い）で勝利し、その三年後に浅井氏を滅亡に追い込むと、北近江三郡（約十二万石）を与えられた。

以降、秀吉は信長の命に応じて各地を転戦し、天正五年（一五七七）には中国計略（毛利氏の討伐）を任された。その五年後、信長が本能寺の変で横死すると、直後に開催された清洲《きよす》会議で主導権を握った。天正十一年（一五八三）、秀吉は織田信孝（信長の三男）、滝川一益《かずます》、柴田勝家を打ち倒し、翌年の小牧・長久手の戦いでは、徳川家康と織

◎豊臣氏略系図

秀吉
- 鶴松
- 秀頼
- ‖秀勝（三好吉房の子）
- ‖秀勝（織田信長の子）
- ‖秀秋（木下家定の子）
- ‖秀次（三好吉房の子）

※‖は養子

田信雄《のぶかつ》（信長の次男）を屈服させたのである。
天正十三年（一五八五）、秀吉は関白に就任すると、豊臣姓を天皇から下賜された。また、四国征伐（長宗我部征伐）、九州征伐（島津征伐）を行い、天正十八年（一五九〇）に小田原征伐を敢行し、関東の雄である北条氏を滅亡に追い込んだ。直後の奥州仕置を終えて、秀吉の国内統一が終わったのである。

秀吉の養子となった秀次

秀吉がなかなか子に恵まれなかったのはあまりに有名であり、それゆえに後継者となるべき養子を迎えた。後継者と目され、秀吉の養子になったのが秀次だが、その人生は前半生と後半生とで大きく運命が分かれた。まず、秀次とその周辺について、触れることにしておきたい。

秀吉には、側室・南殿との間に一男一女があったという説があるが、以後はまったく実子に恵まれなかった。

秀吉には多くの側室がいたが、中でももっとも知られているのが浅井長政とお市の間に生まれた茶々（のちの淀殿）である。秀吉と茶々が結婚したのは、天正十六年（一五八八）のことである。そして、文禄二年（一五九三）に二人の間に生まれたのが、次男の秀頼である。秀吉没後、秀頼は豊臣家を継承し、大坂の陣で徳川家康に敗れて自害した。

秀頼に関しては、古くから秀吉の実子ではなく、淀殿と大野治長《はるなが》の間の子であるといわれてきた。現在でも、秀頼が秀吉の実子であるか否かに関しては、論争が続いている。実子でないことを主張する近年の説は、根本的に秀吉には子種がなかったと考えられること、秀頼が誕生する十ヵ月前に秀吉と淀殿は同じ場所にいなかったことなどを理由として挙げている。

実際に、フロイス『日本史』にも秀吉に子種がなかったことや、夭折した長男・鶴松が実子でないと明確に書き残されている。こうした点は誠に興味深いところであるが、未だ検討の余地があるといえよう。一ついえることは、秀頼が実子だったか否かは別として、秀吉の後継者になったことが重要という点である。このことによって、豊臣家は存続するのであり、他人の子であるか否かは関係ない。多くの戦国大名は養子を受け入れていたので、別に珍しいことではなかったのだ。

秀頼誕生以前、秀吉と本妻であるおねとの間には、ついに子宝に恵まれなかった。そこで秀吉は、織田信長の四男・秀勝を天正七年（一五七九）に養子に迎えた。ちなみに同名の秀勝は、もう一人存在したが（三好吉房と姉・日秀の子）、ともに若くして亡くなった。秀吉の後継者問題は、喫緊の課題だったのである。

そこで、秀頼が生まれる以前に秀吉の後継者と目され、養子に迎えられたのが、豊臣秀次である。秀次は秀吉の姉・日秀《にっしゅう》の子で、最初は宮部継潤《けいじゅん》の養子となり、後に三好康長《やすなが》の養子となっていた（最初は、信吉と名乗る）。さらに秀次は秀吉の養子となったが、同じ一族という事情もあり、重用されることとなる。

平坦でなかった秀次の道のり

秀吉の後継者の最有力であったにもかかわらず、秀次の人生は決して平坦なものではなかったといえる。

一例を挙げると、秀吉が家康と一戦を交えた天正十二年（一五八四）の小牧・長久手の戦いでは、秀次が指揮を誤って多くの戦死者を出したとされる。先行きを期待されていただけに、手痛い失策であった。この大失敗によって、秀次は秀吉から厳しい叱責を受けたのである。それでも、秀次が重んじられたのは、彼が秀吉の数少ない縁者だったからであると考えられる。

天正十二年（一五八四）九月、秀吉は秀次に対して訓戒状を与えた（「松雲公採集遺編類纂」）。その趣旨とは「秀吉の甥である覚悟を持つこと」などを記している。養子の秀勝（織田信長の四男）が病弱であるがゆえに、秀次に代理ともいうべき地位を与えたのである。秀次は合戦で失態を演じたにもかかわらず、秀吉は大きな期待をかけていた。おそらく、この頃には「秀次」という名乗りと羽柴姓を与えたと推測される。

以後における秀次の活躍ぶりは目覚しいものであり、秀吉の叱咤激励が功を奏したと考えられる。その軍功は、以下に示すとおりである。

①天正十三年（一五八五）紀州雑賀《さいか》攻め、四国征伐の軍功により、近江国蒲生郡八幡（滋賀県近江八幡市）などに四十三万石を与えられる。従三位権中納言になる。
②天正十八年（一五九〇）小田原合戦に出陣。尾張国、伊勢国北部を与えられる。
③天正十九年（一五九一）正二位左大臣に就任。

秀次は秀吉にとって貴重な身内だったので、軍功を挙げれば相応に処遇することができた。何より出自の賤しい秀吉にとっては、実に頼もしい存在であった。実質的な権力は、秀吉が掌握していたものの、秀次はその後継者として着々と栄光の道を歩んだのである。そして、秀次にも婚姻という節目が訪れることになった。

秀次と一の台の結婚

秀吉とその類縁は出自が貧しかったが、栄達を遂げたこともあり、秀次にはふさわしい結婚相手が求められた。

秀次が正室として迎えた相手は、一の台と呼ばれる女性であった。一の台は公家の菊亭晴季《はるすえ》の娘であり、晴季は最後には右大臣にまで昇進した人物である。『菊亭家譜』によると、晴季の長女として一の台が誕生していることを確認できるが、単に「女子」と記載されているのみで、実名がわかっていない。女性特有の史料の限界が認められる。

なぜ秀次は、一の台を妻として迎えたのであろうか。その辺りは、養父である秀吉の思惑が絡んでいた。

天正十三年（一五八五）、関白相論（二条昭実と近衛信輔の関白の座をめぐる争い）を契機として、秀吉と深いつながりを持ったのが菊亭晴季であった。朝廷・公家への対策という点において、秀吉は晴季を重用することになる。となると、両者はその関係をより強固なものにする必要があった。その一つの方法こそが、結婚を介したものだったのである。

秀次と一の台が結婚した時期は、明らかにされていないが、秀吉が関白に就任する前後の天正十三・十四年（一五八五・一五八六）頃が有力視されている。先に触れたとおり、秀吉が対朝廷・公家の対策で晴季の協力を得るため、秀次と一の台の婚姻を推し進めたと考えてよい。いうまでもなく、政略結婚の一環であった。

秀次の最期

天正十九年（一五九一）十二月、関白職は養子の秀次に譲られ、豊臣家が世襲するところとなった。この様子を見た摂関家の人々は、大変落胆したことであろう。秀吉が関白に就任した際に交わした約束どおり、五摂家に譲ることが反故《ほご》にされたからである。逆に言えば、秀次に明るい未来が開けたことになる。

このように順風満帆であった秀次の先行きには、やがて暗雲が立ち込めることになった。秀吉と淀殿との間に秀頼が誕生したからである。秀頼に関しては実子・非実子説があるものの、秀吉と淀殿が目に入れても痛くないほどかわいがったのは事実である。秀吉が実子を後継者に据えたいというのは、ごく自然な話である。そして、事件が勃発したのである

（以下『甫庵太閤記』など）。

文禄四年（一五九五）七月三日、石田三成ら五人の奉行が聚楽第《じゅらくだい》の秀次のもとを訪れ、高野山（和歌山県高野町）へ行くように命じた。秀吉は秀次に対して、謀反の嫌疑をかけたのである。理由はさまざまなことが指摘されているが、秀吉に実子である秀頼が誕生したため、不要になったという説がよく知られている。この他にも秀次が酒色に溺れ、殺生を繰り返したとの説もある。また、曲がりなりにも秀次は関白の職にあったので、養父である秀吉と異なる政治的志向があったのかもしれない。そのことが、秀吉の癇に障った可能性もある。

秀吉は関白の職を秀次に譲ったとはいえ、決して引退したわけではなかった。秀吉は太閤として君臨していただけでなく、現役の太政大臣でもあり、秀次をはるかに凌駕する政治権力を保持していた。つまり、豊臣政権下では天下人が二人も存在するような事態になり、秀吉と秀次が下す政治的判断が異なることもあった。

文禄四年（一五九五）に蒲生氏郷が亡くなると、子の秀行が跡を継いだ。しかし、遺領を引き継ぐ際に、秀吉と秀次の判断が分かれた。これは一つの例であるが、こうしたことが重なったとすれば、秀吉と秀次との間に確執が生じるのは当然である。それは、先述した武田氏、徳川氏と似通っている。秀吉からすれば、いかに秀次を後継者候補に据えたとはいえ、政治路線が一致しない以上は、何らかの対処をせねばならなかったということになろう。その結果、秀次は自害を求められたのである。

かつて、秀次は秀吉に命じられて自害したのではなく、自らの無実を訴えるため自害に及んだという説が提示されたが、現在では否定されている。

その五日後、秀次は釈明をするために伏見の秀吉のもとを訪問したが、ついに面会は叶うことがなかった。そして、同日の八日には、高野山へ向かったのである。同年七月十五日、福島正則が高野山に蟄居する秀次のもとを訪れ、秀吉から自害の命が下ったことを知らせた。秀次以下、疑いをかけられた小姓などは、高野山で自害させられたのである。

ところが、死後の秀次には、悲惨ともいえる措置が取られた。

秀次の配下の者たちの遺骸は、そのまま青巌寺（金剛峰寺。和歌山県高野町）に葬られたが、秀次の首は三条河原に送られたのである。これまで後継者として処遇された秀次に対して、あまりにひどい仕打ちといえる。そして、秀次が切腹に追い込まれたことは、さらに家族へと累が及んだのである。

皆殺しにされた家族

同年八月二日、秀次の妻子が処刑された。その方法なりを見る限り、秀吉の残虐性を再確認することができる。

当日の朝、石田三成ら秀吉配下の武将が三千人の兵を率い、京都の三条河原へやってきた。四方に堀を掘って鹿垣《ししがき》を築くと、秀次の首を西向きに据え置き、その妻子たちに拝ませたのである。これまで秀次の妻子として、彼女らは何不自由ない生活を送っていたであろう。しかし、秀次が罪人として処分されたことにより、非情ともいうべき過酷な運命が待ち構えていたのである。

秀次の妻の数は諸書によって異なるが、おおむね二十人から三十人であったと考えられる。息女に至っては、まだ十三歳の少女であった。その処刑シーンは書くことが憚られるほどの惨状であり、見る者が目を背ける光景であった。まさしく合戦における秀吉の残虐性が再現されたが、処刑に立ち会った石田三成らは、嘆き悲しむ素振りすら見せなかったと伝わっている。

この章の主要参考文献

笹本正治『武田信玄』（ミネルヴァ書房、二〇〇五年）
柴裕之『徳川家康　境界の領主から天下人へ』（平凡社、二〇一七年）
柴辻俊六『甲斐武田一族』（新人物往来社、二〇〇五年）
柴辻俊六編『新編　武田信玄のすべて』（新人物往来社、二〇〇八年）
柴辻俊六「武田義信事件の真相に迫る（一～四）」（『歴史研究』六九六～六九九号、二〇二一～二〇二二年）
谷徹也「「秀次事件」ノート」（『織豊期研究』二四号、二〇二二年）
藤井讓治「秀次切腹をめぐって」（『織豊期研究』二三号、二〇二一年）
本多隆成「松平信康事件について」（『静岡県地域史研究』七号、二〇一七年）
矢部健太郎『関白秀次の切腹』（ＫＡＤＯＫＡＷＡ、二〇一六年）

第五章　当主死後の後継者争い

毛利元就と相合元綱
今川義元と玄広恵探

当主の急死が招く不幸

戦国大名の当主が合戦や病気で急死することは、大変な不幸だった。仮に、後継者を定めていても、揉めることが珍しくなかったからである。後継者の決定には、家臣の意向も大いに尊重された。

後継者が幼い場合は、後家や親族が後見として支えたが、それが必ずしもうまくいくとは限らなかった。親族の中には、あわよくば自分が当主の座に就こうと考える者もいた。あるいは、当主の急死というどさくさに紛れて、ほかの大名が養子を送り込んで、その家を乗っ取ることもあった。

当主には正室のほかに、多くの場合は側室がいた。当時の結婚は基本的に政略結婚なので、正室であれ、側室であれ、有力な大名や家臣の娘だった。そうなると、当主が急死した際、娘を結婚相手として送り込んだ大名や家臣は、「娘の子を次の当主に」ということも珍しくなかったのである。

このように考えると、いかに安泰に見える大名家であっても、決して安心はできなかった。以下、当主の死後に後継者争いが生じた例を取り上げることにしよう。

毛利元就とは

戦国期に織田信長や豊臣秀吉から恐れられた毛利氏。関ヶ原合戦では徳川家康に敗れて大幅に減封されたが、それでも近世を生き抜いた名族の一つである。しかし、当初から毛利氏は、必ずしも強大な勢力を誇っていたわけではない。

安芸国吉田郡山（広島県安芸高田市）に本拠を築いた毛利氏は、庶子や国内の領主層に盟主として推戴される存在であった。したがって、毛利氏の家督を継承するには、単に嫡男であるという理由だけでなく、庶子や領主層の同意を取り付ける必要があった。さらに、大内氏、尼子氏などの周辺の諸勢力にも、配慮が必要だったのである。

十五世紀末期、毛利氏の当主は弘元《ひろもと》であった。弘元の「弘」の字は、周防国大内政弘の一字を与えられたものである。つまり、毛利氏は大内氏、さらにのちには尼子氏といった、国外諸勢力の動向にも左右される存在だったといえよう。弘元が亡くなり、嫡男の興元《おきもと》が家督を継いだのは、永正三年（一五〇六）のことである（『寛政重修《ちょうしゅう》諸家譜』など）。元就

◎毛利氏略系図

弘元
- 興元 ― 幸松丸
- 元就
- 元綱
- 就勝

が弘元の次男として誕生したのは、明応六年（一四九七）のことだった。

興元は家督を継いでから、わずか十年後に没した（「毛利家文書」）。弟には元就《もとなり》がいたが、跡を継いだのは興元の嫡男幸松丸だった。元就は幼い幸松丸をバックアップして、毛利氏を守り立てる立場となったが、幸松丸は大内氏を討つべく出陣していた鏡山（広島県東広島市）から帰陣する途中で、不慮の死を遂げたのである（「毛利家文書」など）。大永三年（一五二三）七月のことであった。ここで問題となったのが、幸松丸の後継者問題である。

家督継承の問題

『毛利家譜』によると、弘元には四人の男子がいたことを確認できる。長男興元、次男元就、三男元綱《もとつな》そして四男就勝《なりかつ》である。元綱と就勝は興元・元就と生母が異なる異母弟であったが、関連史料が乏しく、詳しい経歴は不明である。元綱は相合《あいおう》（広島県安芸高田市）を領したことから（『毛利記』）、相合元綱ともいわれている。

幸松丸の死後、元就と元綱の二人が毛利家の家督をめぐって争うことになった。以下、二人の家督継承について、詳しく確認しよう。

毛利家の家督継承候補は、何も元就と元綱の二人に限られたわけではなかった。『毛利家日記』によると、家臣の半分は尼子氏から後継者を迎えようと考えていたことがわかる。この点を詳しく書き記しているのが、『桂岌圓覚書《かつらきゅうえんおぼえがき》』である。次に、関係部分をあげておきたい（現代語訳）。

毛利家本家の後継者について家中が半分に分かれ、尼子家から受け入れて、家督に据えるべきという衆があった。また、幸いなことであるから、元就を家督に据えるべきであるという衆もあった。毛利家の御一門衆が申すように、尼子家から後継者を迎えれば、毛利家は尼子家に乗っ取られてしまうので、元就を家督に据えることで意見が一致した。

この一文から明らかなとおり、幸松丸の死後、毛利家中は後継者を誰にするかで揉めたのであるが、最終的に元就を据えることで一致したのである。

尼子氏との関係

毛利家の家督後継者に関しては、多くの史料が元就と尼子氏を候補として挙げている。

当時、出雲国尼子氏が勢力を増しており、無視できない存在であった。尼子氏当主は経《つね》久《ひさ》であり、周辺諸国に侵攻を繰り返していたのである。中国地方では大内氏と尼子氏という二大勢力が席巻しており、毛利氏はその狭間で絶えず悩まされていた。毛利家中では尼子氏から後継者を迎え入れるか、元就を当主として据えるべきか、侃々諤々《かんかんがくがく》の議論を行い、家督継承者を決定したのである。

問題となるのは、家督後継者の候補が尼子氏から受け入れるか元就にするかの二者択一であって、この時点で元綱の名前が出てこないことである。この点については、後で触れることにし、元就の家督決定後の経過を確認しておきたい。

元就が毛利家の家督を継ぐことは、尼子経久《つねひさ》へ報告された(「毛利家文書」)。毛利家にとって尼子氏は、やはり無視できない存在であった。元就が毛利家の家督を継承した際には、家臣らが請うような形を取っている。元就の郡山城登城の日時は、八月十日という吉日(大吉)に決定した。さらに毛利家の家臣ら十五名は、元就の家督継承について別心のないことを誓ったのである。

家督争いの経過

肝心の話題に戻ると、元綱と元就との家督争いは、事実だったのであろうか。このことを記しているのが、『毛利記』という史料であり、内容は次のとおりである（現代語訳）。

幸松丸が八歳で亡くなったので、毛利の惣領家は断絶してしまった。家中の諸将は、元就を家督に据えるべきという者もあれば、元綱を据えるべきという者もあった。議論がまとまらない中で、元就が元綱を襲撃し、一味の者共をことごとく討ち果たした。

この後、元就は先述のとおり、八月十日に郡山城に無事入城を果たしたのである。この史料では、元就派と元綱派があったことを示しているが、尼子氏が後継者候補であった話は出てこない。これに加えて『毛利家譜』には、「元綱が尼子経久に誘われて逆意を示したので、元就は元綱ら一党を殺した」とある。元綱が尼子氏と組んで謀反を画策したという説である。

ほかに、元綱が後継者候補であったという史料はないのであろうか。元綱が毛利家の家督後継者の候補であったと記録する史料には、『陰徳記』がある。同史料では、毛利家の重臣渡邊勝らが就勝を擁立したことになっており、その前段には元就、元綱、就勝の三人が後継者候補であったと記されている。

『陰徳記』は、次男の元就が跡を継ぐのが自然であり、次男、三男を飛び越して四男に跡を継がせることがあろうか、と記している。しかし、同史料では、三男を就勝とし、四男を元綱にするという誤りを犯している。『陰徳記』では、毛利家内部の候補が一気に元就、元綱、就勝の三人に増えているのが興味深い。

ここで、就勝という名前が出てくるところに注目しておきたい。実は、就勝の名前は、他の史料にもあらわれるのである。

就勝のこと

『芸藩通志』には、渡邊勝が就勝に味方して、のちに元就に討たれたとある。『渡邊氏旧記』の勝の箇所には、勝が尼子氏と内通したので、大永三年九月六日に元就によって殺害されたと記されている。こちらには就勝の名前があらわれないものの、勝が尼子氏を通じて就勝（または元綱）を擁立し、元就に叛旗を翻したと推測される。

『陰徳記』以下の史料は後世に成ったもので、やや信憑性に問題が残る。記述に混乱や誤りが見られるのは、その好例である。では、新たに登場した就勝とは、いかなる人物なのだろうか。確認しておきたいと思う。

『毛利家文書』によると、弘元の子として、本妻と側室に分けた記録が残っている。本妻の子（男子）としては、興元と元就の名前が挙がっており、側室の子として「相生殿（元綱）」と「北殿」の名前が記されている。この北殿こそが就勝であり、弘元の四男に位置付けられている。就勝については、次のように注記されている。

はじめは山手常楽寺で出家なさっていて、のちに北殿と称するようになった。母親は、有田殿の娘ということである。

常楽寺は、広島県安芸高田市にあった寺院である。当初、何らかの理由によって、就勝は出家しており、母親は興元、元就や元綱とも違っていた。その経歴に関しては、やはりほとんどわかっていない。『毛利家譜』にも、就勝のところに「北」と注され、「母有田某女」とあるのみである。

このように、弘元没後の毛利家の家督継承に関しては、元就、元綱、就勝そして尼子氏とまさしく四つ巴というべき様相を呈していた。そして、史料に記されている内容もまちまちであり、事実はどうだったのかわかりづらい。以上の議論を踏まえて、改めて整理しておきたいと思う。

勝算があった元就

多くの史料が記すように、弘元没後の後継者決定は、毛利家の家中を二分するものだった。その中で、尼子氏から後継者を迎え入れることを考慮するほど、毛利家中に動揺のあったことがわかる。当時元就は二十七歳という青年であった。こうした切迫した状況の中で、毛利家中は尼子氏に乗っ取られることを憂慮し、元就を家督後継者として選んだ。

しかし、家督を継いだ元就には、いくつもの不安があったと考えられる。毛利氏が有力な領主層から支えられているという性格上、不満分子が存在すると、支配が円滑に進まないことが憂慮された。それゆえに、彼らに別心がない旨を誓わせているのである。それでも、元就は不安を解消できなかったに違いない。

中でも渡邊勝は尼子氏と通じており、反元就派の急先鋒であった。ただ、勝といえども単独では叛旗を翻すことができず、毛利家の血筋を引く元綱を推戴せざるを得なかった。元綱も勝を通じて尼子氏と通じるならば、「勝算あり」と考えたに違いない。

元就は、勝の謀略を見逃さなかった。勝の企みを知るや否や、一気呵成に元綱もろとも討伐したのが事実だった。そのとき就勝も後の憂いを断つため、同時に殺された。後世の史料が元綱と就勝を混同しているのは、そのような事情があったからであろう。

元綱、就勝そして勝の暗殺は、家中統制を強化すべく行われたものであった。その後、元就は元春を吉川家に、隆景を小早川家に送り込み、両家の乗っ取りに成功した。成功の陰には、自身の体験が生かされたのである。

今川氏親とは

今川氏は南北朝以来の名門で、駿河国の守護を務めた。そのような今川氏を室町期の守護から戦国大名へ転身させたのは、ほかならない氏親《うじちか》である。

氏親が義忠《よしただ》の子として誕生したのは、文明三年（一四七一）のことである（誕生年には異説あり）。母は、北川殿（伊勢宗瑞《そうずい》〈北条早雲〉の妹）だった。文明八年（一四七六）、義忠が遠江に出陣したときに不慮の死を遂げると、今川家中は争乱状態に陥った。長享元年（一四八七）、伯父の宗瑞の助力により、家督を継いだ氏親は本格的に支配を開始した。

以降、氏親は版図の拡大に力を入れ、遠江国の守護斯波《しば》氏、三河の松平氏と交戦し、永正十四年（一五一七）に遠江を支配することになった。氏親は内政にも力を入れ、遠江で検地を行い、さらに分国法の『今川仮名目録』を制定した。

こうして氏親は、領内および家臣団の支配を行ったのである。

◎今川氏略系図

氏親
- 氏輝
- 彦五郎
- 義元
- 玄広恵探

氏親の晩年と寿桂尼

氏親と結婚した寿桂尼《じゅけいに》（中御門《なかみかど》宣胤《のぶたね》の娘）は「大方《おおかた》殿」と呼ばれ、三人の男子に恵まれた。その三人とは、次の人物である。

①今川氏輝《うじてる》（一五一三～一五三六）——長男・今川家第十代当主。
②今川彦五郎（?～一五三六）——次男・詳細不明。

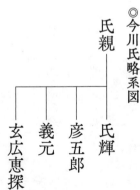

③今川義元《よしもと》（一五一九～一五六〇）――三男・今川家第十一代当主。

次男の彦五郎は謎の人物とされており、記録も断片的にしか残っていない。長男の氏輝と三男の義元は、のちに今川家の当主になった。義元は家督継承の際、異母兄である玄広《げんこう》恵探《えたん》と争うことになった（花倉の乱）。氏親は重臣の福島助春《ふくしますけはる》の娘を側室に迎えており、玄広恵探はその間に生まれた子供である。花倉の乱については、あとで詳しく触れることにしよう。

氏親は子にも恵まれ、遠江国そして三河国へと勢力圏を広げる中で、寿桂尼は幸せな日々を送ったことだろう。しかし、晩年の氏親は体調を崩しがちだった。連歌師の宗長《そうちょう》は今川氏の重臣の朝比奈泰以《やすもち》に書状を送り、その中で氏親が中風（脳卒中の後遺症）を患っていることを記している（『宗長手記』）。その時期は、だいたい永正十三・十四年（一五一六・一五一七）頃と考えられている。当主が病になることは氏親個人の問題だけに止まらず、今川家に暗い影を落とすことになった。

この間、寿桂尼が氏親にどう接したかは不明であるが、必死に看病をし、夫を支えたことだろう。とはいえ、氏親が病気で伏せがちになると、必然的にさまざまな負担が寿桂尼に寄せられることになった。大永四年（一五二四）頃に氏親は出家し、「紹僖《しょうき》」という法名を名乗った。同時に、氏親の発給文書には「紹僖」という署名と「紹貴《しょうき》」という印文《いんもん》の朱印が押されるようになる。ところが、これ以降の氏親の発給文書から、奇妙な点を確認することができる。

先行研究によると、大永六年（一五二六）六月十二日に発給された文書には、印文「氏親」の朱印が押されている（「七条文書」）。氏親が亡くなったのは同年六月二十三日なので、まさしく死の直前のものであるが、この文書には「紹貴」という印文の朱印が押されていない。また、本文が仮名交じり文で書かれていることから、寿桂尼が以前の「氏親」印を用いて発給したと指摘されている。その意味するところは、死期が近くなり判断ができなくなった氏親に代わって、寿桂尼が文書を発給したということである。氏親の死の直前頃から、寿桂尼は政治に関与したと考えられる。

誰が『今川仮名目録』を制定したのか

この点を敷衍《ふえん》して、『今川仮名目録』の制定過程についても論及されている。『今川仮名目録』は、大永六年四月十四日に制定された戦国大名家法の一つである。まず大永六年に氏親によって三十三ヵ条が制定され、天文二十二年（一五五三）に義元が二十一ヵ条の条文を追加した。

『今川仮名目録』の特色としては、室町幕府権力の影響を受けず、今川氏自身が制定した点が強調されているところにある。それゆえに、戦国大名家法の中でも、特に注目を集めたといえよう。

この『今川仮名目録』の制定に際しては、寿桂尼が中心的な役割を果たしたと考えられている。その根拠を列挙すると、次のようになろう。

①『今川仮名目録』は氏親の死の二ヵ月前に制定されており、寿桂尼は氏親の死を予期して作業を進めていたと考えられる。
②文体が真字《まな》（和様漢文）でなく、女性特有の仮名で書かれていること。
③『今川仮名目録』の中に「分国のため、ひそ（秘）かにしる（記）しをく所也」とあり、いつのまにか制定されたように配慮していること。
④先述のとおり、氏親の晩年に寿桂尼が代行して文書を発給しており、政治的な関与が認められること。

これらの意見に関しては、いくつかの反論があるのも事実である。たとえば、②に関しては、『塵芥集《じんかいしゅう》』（陸奥国・伊達氏）や『結城氏新法度《ゆうきししんはっと》』（下総国・結城氏）などのように仮名で書かれたものも存在しており、『今川仮名目録』だけが特殊なわけではないという反論である。戦国大名家法が広く読まれることを意識したものならば、仮名交じりのほうが適しているかもしれない。直接的に寿桂尼が制定に関わったという史料がないだけに断言はできないが、中心的な役割を担ったのは事実ではないかと思える。

③で記した文章の前段を含めて改めて掲出すると、「右條々、連々思当るにしたかひて、分国のため、ひそかにしるしをく所也」とある。つまり、氏親は領国支配を円滑に行うため、日頃から思い当たることを密かに書き留めていた。氏親が憂慮していたのは、相論（訴訟して争うこと）に際して規範となるべき指標がないことだった。先の文章のあとには、「箱の中を取出、見合裁許あるへし」と書かれており、それは問題が生じたときに箱の中から『今川仮名目録』を取り出し、裁許の参考にせよということである。

死期を悟った氏親は、後代の指標とするため『今川仮名目録』の制定を指示したのかもしれない。その中心に寿桂尼がいたのは、ほぼ間違いないと考えられる。『今川仮名目録』は氏親の遺言であり、残された寿桂尼や後継者の氏輝への置き土産のような性格を帯びていたように思える。氏親は編纂された『今川仮名目録』を確認し、自ら「紹僖」の印を押したのである。

次に触れるとおり、氏親死去後の寿桂尼は、後継者の氏輝を支えて「女戦国大名」と称されるほど政治に深く関与した。それは、ここまで述べてきたように、氏親の晩年に認められたのである。

「女戦国大名」寿桂尼

晩年の氏親は病に苦しんだが、死の前年の大永五年（一五二五）に長男の氏輝を後継者に据えた。当時、まだ十三歳の氏輝は、駿河国を訪れていた連歌師の宗長から『古今集聞書』五冊を贈られている（『宗長日記』）。氏親が亡くなった段階で、氏輝はまだ十四歳の少年に過ぎず、単独で政治を行うことはできなかった。必然的に母である寿桂尼や今川家の重臣たちのサポートを必要としたのである。これが、女人政治の始まりだった。

寿桂尼は全部で二十七通の文書を発給しており、次のように時期が区分されている。

①大永六年（一五二六）～天文三年（一五三四）

②天文十六年（一五四七）～永禄二年（一五五九）
③永禄六年（一五六三）～永禄七年（一五六四）

この時期区分は、そのおりおりの政治情勢に左右されている。①は氏輝がまだ幼かったため、代わりに寿桂尼が文書を発給していた時期である。②は花倉の乱を経て、今川義元権力が確立した安定期に相当する。③は永禄三年（一五六〇）の桶狭間合戦での義元の敗死後、今川権力がもっとも動揺していた時期にあたっていた。

寿桂尼発給文書の特色としては、第一に「帰（「とつぐ」と読む）」という朱印が文書の書き出しの部分、または年附（日付）の部分に捺されていることである（「大山寺文書」など）。こういう例は、ほかにほとんど見られない。

古文書学のテキストでは、一般的に女性は印を用いないとされているので、極めて珍しいといえよう。こうした事例は、ほかに播磨国守護である赤松政則の妻・洞松院尼の例を挙げることができる（洞松院尼は「釈」という印文の黒印を捺した）。洞松院尼もまた夫である政則の没後、養子の義村を支えて政治を代行していた。

寿桂尼の立場

寿桂尼発給文書の文体はごく一部を除いて、仮名交じりの文章で記されている。まさしく女性特有といえよう。そして、氏親が亡くなった直後の文書には「そうせん（増善）寺殿の御判にまかせて」という文言が末尾に記されている。

「増善寺殿《ぞうぜんじ》」とは、亡き氏親のことを示している。寿桂尼は代替わりに際して、氏親の政策を引き継ぐことを明言した。その考えが「そうせん寺殿の御判にまかせて」という文言に込められていた。つまり、①の時期においては、寿桂尼の専制政治というよりも、氏輝が成長するまでの中継ぎ的な存在であったことが理解されよう。

氏輝が成長した段階で、寿桂尼は引退したと考えられるが、②の時期でも活発に文書を発給していることを確認できる。その宛先が主に寿桂尼に関係する寺社であることから、寺社領の安堵・寄進などの諸権限を掌握していたことが指摘されている。加えて、寺院や国人、給人層の訴訟に関わった事実も紹介された。

寿桂尼晩年の発給文書には、自らの意思を反映させる直状《じきじょう》形式の「仍如件《よってくだんのごとし》」の書止文言で終わるものもあることから、かなり積極的な姿勢で政治に関わっていた様子がうかがえる（「徳願寺文書」）。

寿桂尼の発給文書はわずか二十七通に過ぎないが、実に多くのことを語ってくれる。当初、寿桂尼は氏輝への中継ぎ的な役割を果たしていたが、今川氏が危機に陥ると深く政治に関与した様子を知ることができる。その事実が寿桂尼の発給文書にあらわれているのは、誠に興味深いといえよう。

花倉の乱と寿桂尼

若き氏輝は、母寿桂尼のサポートにより領国支配を行っていたが、大永末年から天文初年にかけては自分で文書を発給するようになった。いよいよ氏輝は、独自の執政を開始することになったのである。氏輝は検地を実施するなど、意欲的に政治に取り組んだ。ところが、氏輝は病弱だったこともあり、天文五年（一五三六）に急死した。まだ、二十四歳という若さだった。

氏輝は結婚していたかさえもわかっておらず、後継者となる実子はいなかった。そのことが原因となり、家督をめぐる争いが勃発した。それが、いわゆる花倉の乱である。花倉とは現在の静岡県藤枝市にある地名で、玄広恵探がこの地で挙兵したことから、花倉の乱といわれている。

氏輝に実子がいなかったため、後継者は弟二人に絞られた。その一人が、氏親の三男で氏輝の弟の義元である。寿桂尼の実子でもあった。義元は兄の氏輝がいたため、幼少期に出家し、梅岳承芳《ばいがくしょうほう》と名乗った。義元は今川氏の政治顧問でもある太原雪斎《たいげんせっさい》のもとで学び、京都の建仁寺や妙心寺で修行を積んだ。のちに、駿河国善得寺（静岡県富士市）に入寺した。氏輝が長生きすれば、義元は禅僧として生涯を終えた可能性が高かった。

義元のライバルとなったのが、玄広恵探（一五一七～一五三六）である。恵探は氏親と側室（福島助春の娘）との間に生まれ、義元とは異母兄にあたる。福島助春は今川氏の重臣で、家中でも大きな影響力を持っていた。恵探もまた義元と同じく幼い頃に出家し、偏照光寺《へんしょうこうじ》（静岡県藤枝市）の住持となっていた。氏輝が没したために、恵探の存在は俄然クローズアップされたのである。

これまで花倉の乱は、義元を擁立する寿桂尼が太原雪斎と結託し、福島氏が擁立する玄広恵探を打倒したとされてきた。しかし、近年では関連史料の解釈をめぐって、新しい説も提起されているので、その辺りを踏まえて寿桂尼の役割を考えてみよう。問題となるのは、武田家家臣の駒井政武《まさたけ》の手になる『高白斎記《こうはくさいき》』天文五年五月二十四日条の記事である。次に、現代語訳して掲出する。

五月二十四日夜。氏輝の母寿桂尼が福島越前守の宿所を訪ね、玄広恵探と同心して、翌二十五日の未明から駿府で戦った。その夜、福島党は久能へ引き籠った。

この史料で問題となるのは、傍線部分である。この部分――特に「同心」という言葉――を素直に受け取ると、寿桂尼は義元ではなく玄広恵探に加担したことになる。そこで、「同心」を「妥協が成って」と解釈するなど、さまざまな見解が提示されてきた。一方で、当時の状況を考慮すれば、情報伝達の混乱や書き間違いの可能性もあり、この記事をそのまま受け取るべきではないとの指摘もある。

その後、寿桂尼が何の処罰も受けていないことを考えると、恵探とともに義元に対抗したとは考えにくい。したがって、従来説に拠ったほうが自然であると考える。

注目すべき「岡部文書」の記述

『高白斎記』の記事とともに問題となるのが、「岡部文書」（天文五年十一月三日今川義元書状）の記述である。この義元の書状には、寿桂尼が玄広恵探に「住書」を持参したが、それを岡部氏が取り戻したと書かれている。この記述は、寿桂尼が恵探に与したことを示す史料としても扱われている。その理由は、寿桂尼が「住書」を持参し、恵探のもとを訪ねたのが不自然だからである。ここで問題となるのが、「住書」という言葉の意味であり、これまで次の三つの考え方が示されてきた。

①「住書」とは「注書」の誤記であり、意味は「なんらかの書物・書類」を示しているという説。
②「住書」とは、寿桂尼が玄広恵探に示した「妥協案の内容を書いた覚書」を示しているという説。
③「住書」とは「重書」のことであり、「室町将軍から権利等が付与された文書」を示しているという説。

この中でもっとも妥当性があるのは、③の説と考えられる。実際に、天文五年(一五三六)五月の段階で、義元は室町幕府から家督相続を認められ、ときの将軍足利義晴から「義」の字を拝領したことが確認できる(『大館記所収往古御内書案』)。つまり、寿桂尼は太原雪斎とともにあらかじめ義元の家督相続を幕府に申請し、許可を得ていたのである。寿桂尼は実家である中御門家を通じて将軍とのパイプを持っていたと考えられるので、その交渉ルートを生かしたと考えられる。

そうなると、先述した寿桂尼が玄広恵探を訪ねたというのはどう解釈すればいいのだろうか。寿桂尼は「住書（重書）」を恵探に持参し、家督継承を断念するように説得したと考えられる。この「住書（重書）」には、義元が室町幕府から家督を認められたことが記されていた。「住書（重書）」を見た恵探らは、大変驚いたに違いない。そこで、「住書（重書）」を奪い、証拠を隠滅しようとした可能性がある。要するに岡部氏は、義元に従って「住書（重書）」を奪い返したのである。

肝心の戦いに触れておくと、天文五年（一五三六）五月に恵探は久能城で兵を挙げ、駿河府中の今川館に攻め込んだが、それは失敗に終わった。そこで、恵探は方ノ上城（静岡県焼津市）、花倉城（同藤枝市）に拠点を定め、義元に抵抗を試みた。翌六月、北条氏の支援を得た義元は、方ノ上城を落とし、花倉城を攻撃したのである。恵探は義元の軍勢に抗しきれず脱出し、普門寺で自害して果てた。こうして義元は恵探を退けることにより、今川家の家督を自らの手で摑み取ったのである。

このように考えると、改めて今川家中における寿桂尼の地位の重さを実感することができる。都を出て今川家に嫁いだ寿桂尼だったが、まさかこのような争乱に巻き込まれるとは、思いもしなかったに違いない。のちに花倉の乱の中で家督を継承した義元であるが、永禄三年（一五六〇）の桶狭間の戦いで横死したことは誰もが知るところである。義元の死後、今川家は没落の一途をたどった。寿桂尼が亡くなったのは、永禄十一年（一五六八）三月二十四日のことで、墓は静岡市内の龍雲寺にある。

この章の主要参考文献

有光友學『今川義元』（吉川弘文館、二〇〇八年）
池享『知将　毛利元就』（新日本出版社、二〇〇九年）
大石泰史編『今川義元』（戎光祥出版、二〇一九年）
河合正治『安芸　毛利一族』（新人物往来社、一九八四年）
岸田裕之『毛利元就』（ミネルヴァ書房、二〇一四年）
久保田昌希『戦国大名今川氏と領国支配』（吉川弘文館、二〇〇五年）
黒田基樹編著『今川義元とその時代』（戎光祥出版、二〇一九年）

第六章 兄弟間の抗争劇

織田信長・信勝・信広兄弟

浦上政宗・宗景兄弟

伊達政宗・小次郎兄弟

なぜ兄弟で揉めるのか

戦国時代において、兄弟だから仲が良いかといえば、決してそうではなかった。その理由はいくつか考えられるが、そもそも当主である父が死んだとき、単純に自分が跡を継ぎたいということもあり、兄弟は争ったと考えられる。また、当時のことなので母が違っていると、母の一族が家督継承をめぐって介入することがあった。たとえ嫡男であっても、母の血筋や身分が低いと、次男以下に家督が継承される可能性も否定できない。

そのような事情があって、たとえ兄弟であっても、家督をめぐって争うことは、決して珍しくなかったのである。以下、いくつかの例を挙げることにしよう。

織田信長とは

織田信長は、天文三年（一五三四）に信秀の子として誕生した。父の死後、信長が巻き込まれたのは、兄弟や一族との抗争である。それらの抗争を克服し、信長が尾張統一を果たしたのは永禄二年（一五五九）のことだった。その翌年、信長は桶狭間の戦いで今川義元を破り、天下取りの第一歩を歩んだのである。

信長がこんなに苦労したのには、もちろん理由があった。そもそも信長の家系の織田氏は、尾張下四郡を支配した守護代の織田氏に仕える、清洲三奉行の一人に過ぎなかった。信長の父の信秀は、自らの才覚で主家をも凌ぐ存在となったが、それでも尾張統一を果たせなかったのである。

尾張統一の課題は信長に託されたのだが、そこに至るまでには、一族や兄弟との激しい権力闘争に勝ち抜くしかなかったのである。

信秀には二十四人の子供がおり、このうち信広《のぶひろ》は生年不詳ながら、もっとも年長だった。しかし、母が側室という事情もあり、後継者候補から脱落することになる。したがって、正室の土田《どた》御前を母とする信長が、後継者として織田家の家督を継承したのである。

信秀と土田御前との間には、次男の信勝《のぶかつ》という男子があった。信勝は信長と二つしか歳が離れていないといわれているが、生年には不明な点が多い（天文五年生？）。なお、信勝は「信行《のぶゆき》」ともいわれているが、自身の発給文書には「信勝」、「達成《みちなり》」、「信成《のぶなり》」と署名しているので、以下、「信勝」で統一することにしよう。

◎織田氏略系図

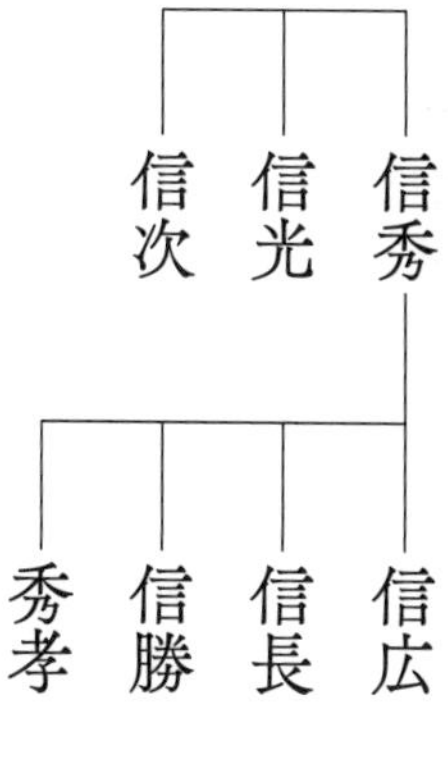

まったく違った二人の性格

信長と信勝の性格が対照的だったことは、『信長公記』に記述された父信秀の葬儀の模様からうかがうことができる。まず、信長が信秀の焼香に訪れた場面は、次のように記されている（現代語訳）。

信長が焼香にお出でになった。そのときの信長の服装は、長い柄の太刀と脇差しを稲穂の芯でなった縄で巻き、髪は茶筅《ちゃせん》に巻き立て、袴もお召しになっていなかった。信長は仏前へ進み出ると、抹香をぱっと摑み、仏前へ投げつけてお帰りになった。

この解釈をめぐっては異説もあるが、信長の行為が極めて非常識だったことは、よく知られている。一方の信勝は葬儀に臨んで、どのような態度を取ったのだろうか。同じく『信長公記』の記述を確認しておきたいと思う（現代語訳）。

弟の信勝は威儀を正した肩衣、袴をお召しになり、形式どおりの作法を行った。

信勝は、ごく常識的に作法を行ったという。『信長公記』のこのあとの記述には、次のように書かれている（現代語訳）。

信長公は、世間によく知られた大うつけ（愚か者）と評判であった。葬儀の参列者の中に九州からの客僧が一人いて、「あの人物こそ、国を支配する人だ」と申したそうである。

「うつけ」と評された信長と折り目正しい信勝。『信長公記』の記述からは、二人の対照的な性格を見出すことができ、当時広くそう認識されていたことがわかる。九州の僧侶の言葉は、常識に捉われない信長を評価しているが、作為を感じなくもない。

歓迎されなかった信長

こうした二人の関係は、どのように考えられているのだろうか。有力な見解は、信勝が信長の権益を侵すようになり、徐々に二人が対立したという視点である。信勝は織田家の家督を継承できなかったので、自立的な様相を深めた。逆に信長は、信勝の動向を警戒したということになろう。二人が対立したゆえに、東加藤氏と西加藤氏は権益を守るため、それぞれが有利と感じたほうに安堵を依頼した。

当初、信長は父の後継者として、那古野城《なごやじょう》（名古屋市中区）を本拠とし、のちに清洲城（愛知県清須市）に移った。信秀の死後、信勝は末森城（名古屋市千種区）を与えられ、柴田勝家、佐久間次右衛門ら「歴々」の家臣が従ったとある（『信長公記』）。柴田勝家らは、信勝が信秀の葬儀に参列した際、お供として従った家臣であった。つまり、信勝は城持ちであり、配下に織田家累代の有力な家臣を従えていたのである。

信長は織田家の家督を継ぎながらも、その生活態度は改まらなかったという。それゆえに周知のとおり、信長の重臣平手政秀は切腹に及んだ。自身が死ぬことによって、信長に行動を改めて欲しいと願ったのである。いわゆる「諫死《かんし》」である。その様子は、『信長公記』に次のとおり記されている（現代語訳）。

政秀は信長が不真面目な態度をとるのを悔やみ、守り立てるだけの意味もなく、命を長らえても仕方がないと申して、腹を切って亡くなったのである。

実はこの前段において、信長は政秀の子が所有する駿馬を所望し、拒否されるという騒動を起こしていた。『信長公記』によると、信長の恨みは意外なほど深く、主従が不和になったと伝えている。政秀が切腹した理由には、信長の不真面目な態度だけでなく、主従間における関係悪化が少なからずあったようである。信長と家臣との悪化した関係は、平手氏に限らず類例はほかにもあったのではないだろうか。

こうした中で、織田家中には城持ちで後継者としてふさわしい信勝の存在を歓迎する多くの支持者がいたと考えられる。むろん、信勝に関する悪い素行の話は伝わっていない。以上のような点を考慮すれば、のちに信勝が文書を独自に発給するようになったことには、自立性を確保し権益拡大を図ろうとした一面を見出さざるを得ない。また同時に、東加藤氏のように信勝を当該地域の権力者として認定する者もいたのである。

秀孝殺害事件への対応

そのような中で、一つの大事件が勃発する。弘治元年（一五五五）六月、尾張国守山城（名古屋市守山区）主・織田信次《のぶつぐ》（信秀の弟）の家来・洲賀才蔵《すがさいぞう》が通りがかりの武者に矢を放ったところ、信勝の弟・秀孝に当たったことが判明した（『信長公記』）。このことに気付いた信次は自らの行いに驚き、馬に鞭を当てるといずこへとなく逃亡したのである。信次は信秀の弟であったが、信勝には敵わなかったのだろう。

弟を殺害されて、信勝は烈火のごとく怒り、末森城から守山城に駆けつけると、たちまち町に火をかけている。これまでの信勝とは思えない行動であった。これが蛮行というならば、ほとんど唯一知られているものである。この一連の出来事に対して、信長は次のように述べている（『信長公記』現代語訳）。

私の弟（秀孝）が御供を召し連れず、そこらの者のように馬一騎で駆け回ったことは、興醒めすることである。たとえ秀孝が生きていても、許容されることではない。

信長は、あっさりと秀孝の非を認めている。この時点で秀孝をかばっていないところを見ると、信長は信勝と対立関係にあったとみなしてよい。守山城には、信次の年寄衆が籠城しており、間近に信勝軍が迫っていた。その後、まもなくして守山城は落城し、利口なる人と称された織田秀俊《ひでとし》（信長の異母弟）に与えられている（『信長公記』）。実際は、信長の家臣佐久間信盛《のぶもり》が調略を行い、守山城の年寄衆を抱きこんで開城させていた。

信勝の謀反

信長と信勝は正面きって対決することはなかったが、のちに信長の重臣・林秀貞は、弟・美作守や柴田勝家と画策し、信勝を擁立しようとしている。ここで両者の対決姿勢は鮮明となった。弘治二年（一五五六）八月、稲生《いのう》（名古屋市西区）で合戦があり、柴田勝家は林秀貞とともに千七百余りの軍勢を率いて出陣した。信長の率いる軍勢は、それより少ない七百ばかりだったが、勝利したのは信長であった。戦後、信長はなぜか林秀貞と柴田勝家を許したのである。

当時末森城には、信勝とともに信長の実母である土田御前も一緒に住んでいた。信勝は母や柴田勝家と同道して、清洲城の信長のもとに参上し、詫びを入れている。信勝と勝家は墨衣をまとっていたので、相当な覚悟だったのだろう。信長は、これを許したという。信長の性格を考えると、非常に寛大な措置であった。

この後、信勝が表立って信長に反抗したとの記録は見当たらない。永禄元年（一五五八）頃になって、再び信勝の動きは活発化する（以下『信長公記』）。信勝は龍泉寺《りゅうせんじ》（名古屋市守山区）に城を築き、御若衆の津々木《つづき》蔵人《くらんど》を重用するようになった。一方で、柴田勝家は軽んじられたので、信長に「信勝に謀反の意思あり」と密告したのである。この一言が、両者の対立を深める契機になったのは疑いない。

それから信長は病と称して引き籠ったため、信勝は清洲へ見舞いに参上した。永禄元年（一五五八）十一月五日、信勝は清洲城で謀殺されたのである。さすがの信長も家臣の手前もあり、これ以上は信勝の勝手な振る舞いを放置できなかった。信勝の没年は史料によって弘治三年（一五五七）説を採るものもあるが、同年に信勝の発給文書があることから（「羽城加藤家文書」）、今では『信長公記』に記載された永禄元年が正しいとされている。

信長権力の確立期にあって、家督継承者といえども安泰ではなかった。同じ血筋の信勝には後継者の資格があり、それを支える家臣の存在があった。当主が家臣や領主層の支持によって存立基盤をなす以上、彼らの支持が必要不可欠である。信長は信勝を謀殺し、反対派を粛清することにより、多くの家臣から支持を得た。信勝謀殺は、天下取りの第一歩と評価できるのである。ただ、これは織田家特有のことではない。戦国期に広く見られた事象でもある。もう少し、信長と一族・兄弟との抗争を確認しよう。

兄弟・一族との戦い

信長は、弟・信勝との対決を経て、権力基盤を確立したが、ほかの兄弟や一族とも絶えざる葛藤があった。その血にまみれた抗争を確認することにしよう。

冒頭で述べたとおり、信秀・信長の家系は、清洲城に本拠を置く尾張守護代家（織田大和守家）の三奉行の一人に過ぎなかった。そこから、信秀は主家を圧倒するほどの勢力を築き上げた。ところが、天文二十一年（一五五二）に信秀が亡くなると、相前後して主家である尾張守護代家の織田達勝《みちかつ》も没した。これによって、尾張守護代家の没落は決定的となったが、家督は短い期間に勝秀、彦五郎と継承された。尾張守護代家を支えるのは、家中を構成する老臣たちであり、信長に対抗措置を取った。その中心が坂井大膳ら清洲衆である。

守護代家の主導権を掌握した坂井大膳らは、天文二十一年八月に信長を討伐すべく挙兵した。信長は叔父・信光《のぶみつ》と協力して、これを打ち破っている。翌年七月、手痛い敗北を喫した坂井大膳らは、もはや形式的な存在であったが、尾張守護の地位にあった斯波義統《よしむね》を暗殺した。これを知った義統の子・岩竜丸（のちの義銀《よしかね》）は、信長の居城・那古野城に駆け込み、庇護されることになった。守護の家系である斯波氏を推戴することにより、信長の大義名分が成り立ったのである。

もはや坂井大膳擁する織田彦五郎は、風前の灯であった。天文二十二年七月、柴田勝家が清洲城を攻撃すると、坂井大膳らは敗北を喫し、織田三位ら主要な老臣たちの多くを失った。ここで、大膳は信長の叔父・信光に通じて、起死回生を図ろうとした。天文二十三年四月のことである。信光への条件は、尾張の両守護代として織田彦五郎とともに就任することで、尾張下半国の二郡を与えるという条件だった。しかし、あらかじめ信光は信長にことの次第を話し、大膳の条件を受け入れたふりをして清洲城に向かった。

信光は清洲城を訪れると、南構に居を定めた。南構を訪問した坂井大膳は、討ち取ろうとした信光の軍勢に驚き、清洲城を出奔し今川義元のもとへ逃げ込んだ。これにより尾張守護代家は滅亡し、織田彦五郎も切腹を命じられ、非業の死を遂げたのである。こうして信長は、磐石の体制を築くことになった。

信光の不審死

信長と協力して大活躍した叔父・信光は、父・信秀の弟とはいえ、信長の強力なライバルの一人であった。信長が清洲城に入城すると、もとの那古野城は信光に与えられている。ところが、不幸なことに、信光は天文二十三年十一月に亡くなった。『甫庵太閤記』によると、信光の妻と信光の近習・坂井孫八郎が密通しており、露見することを恐れた二人が共謀して、信光を殺害したという。この説は『甫庵太閤記』の史料性を考慮すると、いささか信が置けないところである。

『信長公記』には、「不慮の仕合出来」と実に意味深な言葉が記されている。現代語訳するならば、「不慮のいきさつ（出来事）が起こった」ということになろうか。さらに、このあとには「忽ち誓紙の御罰、天道恐しき哉と申しならし候キ」という言葉が続いている。坂井大膳と信光は互いに誓紙を交わしていたので、信光がこれを破って罰を受けたということになる。この言葉に続けて「しかしながら、上総介殿御果報の故なり」とあり、信長にとって「果報（幸福な様子）」であると記されている。

信光の死に至る正確な内容を記さないのは、実に謎といわざるを得ない。そうなると、信光の死には、何らかの事件性を考えなくてはならないであろう。端的にいえば、信長によって粛清された可能性ということになる。信長の公式な伝記ということもあって、具体的な記述は避けられたと推察される。いずれにしても、信光の死は、信長にとって「果報」だったといえよう。

信広を許した信長

先述のとおり、信長には腹違いの兄・信広が存在した。側室の子であるという事情もあって、家督を継げなかったが、この信広も信長に背いている。

かつて、信広は三河国・安祥城《あんじょうじょう》（愛知県安城市）を守っていたことがある。周知のとおり、三河には今川氏や松平氏が勢力を保持しており、重要な地域であった。ところが、天文十八年（一五四九）三月、信広は今川氏の軍勢に敗れたうえ、安祥城を奪われ捕虜になるという大失態を犯した。ただし、織田方には人質として松平竹千代（のちの徳川家康）が送り込まれていたので、今川氏との交換によって、無事に帰国することができた。

信長が家督を継承すると、信広は配下として仕えた。ただ、心中には穏やかならぬものがあったのだろう。弘治二年（一五五六）四月、信長の義父になる斉藤道三が子の義龍に討たれた。これを契機に信広は義龍に通じ、清洲城の乗っ取りを計画したのである。しかし、信広の謀反の動きを察知した信長は、ただちに清洲城の内外の防御を固めた。出陣した信広は途方にくれ、応援に駆けつけた美濃衆は引き上げたという（以上『信長公記』）。信広の計画は、無残な失敗に終わったのである。

謀反の失敗後、信長は信広を処罰しなかった。その後も信広は信長に仕え続け、天正二年（一五七四）九月の伊勢長島の戦いで討ち死にした。信長にすれば、信広は以後も反抗することなく、自身の配下で「使える」と判断したのであろう。こうした合理性を信長は持ち合わせていた。

信長は以上のとおり、一族や兄弟との厳しい死闘を繰り広げてきた。その中で重要なのは、今後の禍根を残すとなれば殺害し、使えるとなれば配下に収まることを許したということである。一種合理的な考え方であるが、何も信長だけではなく、多くの大名がそうであった。それがたとえ血を分けた肉親であってもである。親子、兄弟、親類間で争い、勝者が敗者を追いやることにより、家中の結束は強化された。反対派は一掃され、残った勢力の一体感がより高まったのである。

浦上政宗・宗景兄弟とは

浦上氏はもともと浦上荘（兵庫県たつの市）を本拠とし、南北朝期以後は赤松氏の配下で活躍した。中でも浦上則宗《のりむね》は幼主・赤松政則を支え、室町幕府と太いパイプを持つ「家宰《かさい》」というべき存在であった。跡を継いだ村宗も赤松氏の配下にあったが、のちに離反して赤松義村を謀殺している。その村宗は、享禄四年（一五三一）、義村の子・政村（のちの晴政）によって殺された。

亡くなった村宗には、政宗と宗景という二人の子がいた。残念ながら、二人とも生年は不詳である。政宗と宗景の関係については、近世に成立した軍記物語『備前軍記』や『天神山記』に記述が見られる。同書によると、天文元年（一五三二）、宗景は兄政宗と決別し、天神山城（岡山県和気町）に独立したという。しかし、この記述に関しては、疑問視されている。

理由の第一は、宗景の発給文書の初見が天文二十一年（一五五二）であり（『黄薇古簡集』）、天文元年の段階では幼少だったことである。宗景の政治的な基点が天文末年頃になると、とうてい天文元年での自立は考えられない。理由の第二は、政宗ですら天文五年（一五三六）の時点で「虎満丸」という幼名を名乗っており（『証如上人日記』）、互いに対立する要素はない。では、両者の関係は、いつ頃から悪化したのであろうか。その点を検討するために、以下、順を追って考えることにしたい。

◎浦上氏略系図

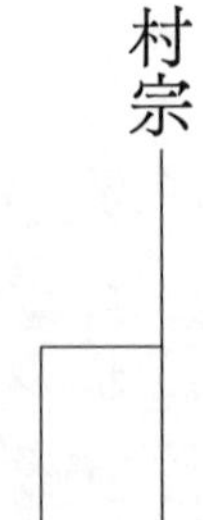

自立した浦上兄弟

村宗横死後、残った浦上一族は反赤松の活動を展開し、播磨国各地で挙兵した（『二水記』など）。赤松政村（のちの晴政）

は意外なほど浦上一族の反抗に苦慮し、おおむね天文三年（一五三四）頃まで膠着状態が続いたという。享禄四年（一五三一）、浦上国秀が被官人の中村氏に兵粮料所を宛《あ》て行《が》っている（「中村甚太郎家文書」）。したがって、村宗没後は、一族の国秀が当主的な立場にあったと解される。

天文二年（一五三三）、国秀は政宗の意を奉じて奉書を発給した（「西大寺文書」）。この段階から、政宗が浦上家の当主として擁立されたと考えられる。政宗が元服したのは、天文九年（一五四〇）のことである。仮に、このとき十六歳と仮定すると、天文二年の時点で九歳ということになる。

互いに反目しあった政村と政宗だが、意外な転機が訪れた。かねて領土拡大を繰り広げていた尼子詮久が、天文七年（一五三八）に播磨国へ侵攻してきたのである。この余波は、播磨のみならず備前、美作へと飛び火した。こうした影響もあって、政宗は政村と協力し、尼子氏と戦うことになった。

以後、政宗は西播磨を中心に支配を展開し、その勢力は室津（兵庫県たつの市）・高砂（同高砂市）へも及んだ。いずれも海上交通の要衝地であり、浦上氏の経済基盤を成したものと考えられる。やがて政宗は、室町幕府から当該地域における有力な領主として認知されるに至った（「葛川明王院文書」）。

東進した尼子氏への対策

順調な政宗の動きに対して、水を差したのが尼子氏だった。天文二十年（一五五一）から、再び尼子氏が美作・備前などへ侵攻してきた。宗景の発給文書が見られるようになるのは、この翌年のことである。その内容とは、花房氏、難波氏といった領主に対し、知行を付与するものだった。このことは、宗景の自立を示す一歩と見てよいであろう。

政宗と宗景の対立が見られるのは、天文二十二年（一五五三）であると指摘されている。同年に推定される毛利元就・隆元父子の書状には、浦上氏が播磨国に乱入したことを記している（「譜録」）。当時、毛利氏は尼子氏と死闘を繰り広げていた。政宗は西播磨に基盤を置いており、乱入した当事者とは考えにくく、乱入したのは宗景と考えざるを得ない。

政宗と宗景の間に決定的な亀裂が入ったのは、翌天文二十三年（一五五四）であると推測されている。この年に発給されたと考えられる政宗の書状は、政宗が宗景と義絶したこと、尼子詮久に人質を送り同盟を結んだことを恒次・森の両氏に伝えたものである（『黄薇古簡集』）。そして、政宗は宗景の居城・天神山城に至る通路を防ぐように、恒次・森の両氏に依頼したのである。

二人が決裂した経緯に関しては、詳しいことがわかっていない。決裂の理由は、どのように考えればよいのであろうか。

先述のとおり、政宗は播磨国西部の室津に拠点を築いた。もちろん政宗の活動は、備前国内でも確認できるので、まったく支配に関与していなかったわけではない(「長法寺文書」)。しかし、播磨・備前を統治するには、一人では困難が伴ったため、やがて備前支配は宗景に任されたと推測される。その二人を決裂に追い込んだのが、尼子氏による美作・備前などへの侵攻であった。

おそらく尼子氏は、二人に対して帰属を求めたことであろう。そこへ加わったのは、尼子氏と対立する毛利氏であった。浦上家中は、尼子氏へつくか、毛利氏に味方するか二分するような分裂をしたに違いない。その結果、後述するとおり、宗景は毛利氏方につき、政宗は尼子氏の味方になって行動した。政治的な動揺が、政宗と宗景を反目させる大きな要因だったと考えてよいだろう。

兄弟の激しい戦い

『天神山記』によると、天文元年に宗景はわずかな側近を引き連れて室津城を脱出し、備前国に天神山城を築いて自立化を果たしたという。成功譚としてはおもしろいが、現実的には無理の多い説である。宗景は少なくとも天文二十年（一五五一）前後の段階において、備前国に基盤を置いたと考えるのが自然であろう。

浦上氏は備前あるいは播磨西部における強大な領主であったが、周辺の領主を完全に配下に置いていたわけではない。それゆえに、二人は所領付与を条件にして、味方になるよう有力な領主を誘っていた事実を確認できる。こうした領主連合的な体制が、浦上氏本来の姿であった。

二人の戦いは、凄惨を極めたといっても過言ではない。先学が指摘するように、宗景は吉井川流域の領主層を味方とし、政宗は播磨西部以外に旭川流域の領主層と結んでいる。尼子・政宗連合軍は、天神山城へ総攻撃したことが知られており、当初の戦いは政宗が有利に進めたようである（「坪井文書」）。一方の宗景は、備中国三村氏の援軍を得て果敢に抵抗を試みた。

しかし、事態はやがて宗景有利に傾いていく。政宗方の城郭が攻撃された際、政宗は備前国松田氏や美作国後藤氏・江見氏に援軍を求めたが、後藤氏と江見氏の回答は、出陣できないというものだった。加えて、尼子氏自身の援軍到着も遅れたことから、相当な焦りを見せている（『山田家資料』）。この頃、尼子氏の戦線は出雲国を中心にして、東西に広がりを見せていた。こうしたことが、援軍の到着を遅らせたのであろう。

結局、毛利氏の援軍を得た宗景が戦いを有利に展開した。永禄三年（一五六〇）に一方の当事者である尼子晴久（詮久）が没すると、政宗は窮地に立たされた。永禄五年（一五六二）になると、尼子氏側にあった美作国の領主がこぞって宗景方に寝返ったと指摘されている。以後、備前国に領主権を築いたのは宗景であった。政宗の発給文書は、弘治三年（一五五七）以降から確認できなくなる。

兄弟の和解

永禄六年（一五六三）、政宗と宗景は長年の恩讐を断ち切って、和解をしたと伝えられている（「田村文書」）。和解に際しては、家中の者が殺されていることから、両家に反対派がいたのであろう。二人が結んだのは、毛利氏に対抗するためであった。以後、宗景は毛利氏と戦いを繰り広げることになる。

二人の最期は、いかなるものだったのであろうか。

兄の政宗は、永禄七年（一五六四）に龍野城（兵庫県たつの市）主赤松政秀によって暗殺された（「書写山十地坊過去帳」）。子の小次郎も同じく討たれている。政宗が討たれた原因は、二つのことが考えられる。

永禄元年(一五五八)、当時の赤松氏当主だった晴政が失脚し、娘婿である赤松政秀のもとに身を寄せた。そして、永禄五年(一五六二)、晴政と政秀は毛利氏と関係を結んだことが知られている(「臼井家文書」)。その後、赤松氏と毛利氏が関係を断ったとの記録がないことから、引き続き関係があったと考えられる。赤松氏は毛利氏と結んでいたので、敵対する政宗を討った可能性がある。

もう一つ付け加えるならば、政秀の居城である龍野城から室津までは極めて近い距離にある。政秀の支配権に政宗が存在したことは、大変疎ましく思えたであろう。政宗殺害には、政秀の政治的事情があったのである。

弟の宗景は、以後、毛利氏と徹底抗戦に臨んだ。両者の戦いは、元亀三年(一五七二)に足利義昭の調停があるまで延々と続いた。そして、宗景は織田信長から三ヵ国(播磨・備前・美作)の朱印を拝領し、形式的ではあるが支配の正当性を勝ち取っている。しかし、天正二年(一五七四)、宗景は同盟を結んでいた宇喜多直家と対立し、戦うことになった(「原田文書」)。天神山城が落城し、宗景が逃亡するのは翌年のことである(「花房文書」など)。その後、宗景は信長を頼るが、復活することなく没年もわかっていない。

政宗・宗景の二人を引き裂いたのは、尼子・毛利といった強大な勢力の侵攻にあった。領主層から支えられる浦上氏は、その意向を無視することができず、二つに分裂した。浦上氏の歴史的性格を考える場合、領主層の存在を重視する必要がある。

伊達政宗とは

永禄十年（一五六七）八月三日、米沢城（山形県米沢市）主の伊達輝宗に待望の男子が誕生した。幼名を梵天丸《ぼんてんまる》といい、のちに政宗《まさむね》と名乗った。政宗の母は、山形城（山形市）主の最上義守《よしもり》の娘義姫《よしひめ》（のちの保春院《ほしゅんいん》。以下「保春院」で統一）である。政宗は幼少時に病によって、右目を失明していた。それゆえ「独眼竜」と称されたが、このことは成長した政宗に暗い影を落とすことになる。

政宗には、同母の弟が存在した。『伊達族譜』によって確認すると、単に「某」（幼名は「竺丸」という）と記されているのみで、実名や生年月日は記されていない。「政道」と名乗ったといわれているが、一次史料では確認できない。

天正十六年（一五八八）十一月二十六日、政宗の弟が元服して小次郎と名乗ったとの記載がある。この事実に関しては、『伊達政宗記録事蹟考記』や『貞山公治《ていざんこうち》家《か》記録』の記載によっても裏付けられるのでたしかなものだろう。のちに小次郎は騒動に巻き込まれ、非業の死を遂げる。その背景には、いかなる問題があったのか。

◎伊達氏略系図

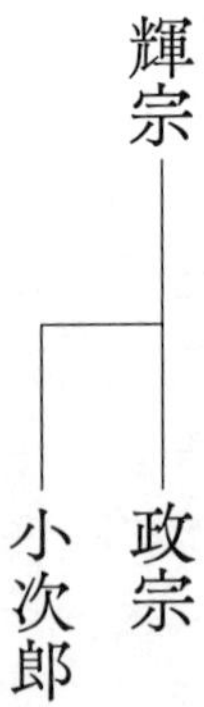

右目を失明した政宗

政宗が右目を失明したことは、その人間形成にも問題を生じさせた。『貞山公治家記録』には、次のように記されている（以下、史料は現代語訳）。

> 政宗公は隻眼《せきがん》を恥ずかしく思われて、ややもすれば失明した眼を隠そうとなさる。周りの者が隻眼について世話を申すと、政宗の気持ちに障るところがあった。

政宗は片目を失明したことを気にかけて、人と交わることがあまりなかったようである。どうしても容貌が気になったのだろう。このように他人とのコミュニケーションを取らなくなると、伊達家の当主にふさわしいのかという問題が生じてくる。政宗は、家臣からも軽んじられるようになった。

それだけではない。母の保春院は暗い性格の政宗を嫌い、次男の小次郎を愛したという。先述のとおり、小次郎の生年は不明であるが、天正十六年（一五八八）に元服したことを考慮すると、おおむね天正元年（一五七三）前後に誕生したと推測される。政宗と小次郎は、六歳前後の年齢差があった。

ところが、父の輝宗だけは、決して政宗を見放すことがなかった。塞ぎがちな政宗の守役として、十歳年上の片倉景綱を選んだ。同時に、輝宗が資福寺《しふくじ》（山形県高畠町）に招いた虎哉《こさい》宗乙《そういつ》禅師は、折りに触れて政宗を指導するようになった。二人の有能な人物のサポートもあって、政宗はその後の人生を力強く歩むようになったのである。

以上の点から、父輝宗は嫡子の政宗を後継者として扱っていたことがうかがえるが、逆に母は次男の小次郎を愛していたことがわかる。結局、伊達家の家督は、どうなったのだろうか。

元服した政宗

天正五年（一五七七）十一月十五日、政宗は米沢城で元服した。その様子については、『貞山公治家記録』に次のように記されている（現代語訳）。

十一月十五日、米沢城で嗣君が藤次郎と称し、政宗と名を付けられた。伊達家九世の政宗公は文武の英才があって、伊達家を中興なさった。輝宗は政宗公を慕われて、祝って名付けたのである。藤次郎（政宗）は固辞したが、輝宗は強く命じた。

伊達家では代々、将軍から一字を拝領して名乗りを決めていた。持宗は将軍足利義持から、晴宗は将軍足利義晴から、輝宗は将軍足利義輝から、といった具合である。しかし、天正元年（一五七三）に十五代将軍足利義昭は織田信長と決裂しており、将軍から一字を拝領するのが難しくなった。そこで、輝宗は伊達家中興の祖である政宗の名を与えたのである。これは、輝宗の強い期待の表れでもある。

このように政宗に厚い期待が寄せられる中、輝宗は家督を政宗に譲ることを決定した。天正十二年（一五八四）十月のことである（「伊達家文書」など）。輝宗は出家して「受心」という法名を名乗り、米沢の館山（山形県米沢市）に城を築いて隠居したのである。家臣たちも輝宗にならって、次々と隠居したことを確認できる。

『貞山公治家記録』は、その様子を次のように記している。

十月、父の輝宗が隠居なさって、政宗が家督を継ぐことになった。輝宗が家督を譲る旨をおっしゃったのであるが、政宗は年少であるという理由から辞退された。しかし、親族・家臣等も強く勧めるので、父の命を受けることになった（現代語訳）。

このとき、輝宗は四十一歳で、政宗は十八歳という若さだった。このような事情をいかに考えるべきであろうか。

伊達家の事情と小次郎

伊達家では、代々父子間での争いが絶えなかった。稙宗と晴宗は「天文の乱」で争い、輝宗自身も父の晴宗と戦ったことがある。先述のとおり、妻の保春院は嫡子の政宗でなく、次男の小次郎をかわいがっていた。周囲には、「小次郎を伊達家の当主に」と考える家臣たちもいたはずである。そこで、輝宗は家督争いが生じるのを未然に防ぐために、早い段階で政宗に家督を譲ったと考えられる。

注目すべき点は、政宗が家督を継承した際、いったん辞退したにもかかわらず、親族や家臣が強く勧めたことである。当該期においても、当主に誰を据えるかは、親族・家臣の同意が必要であったことを物語っている。輝宗は周到な根回しを親族・家臣に行ったうえで、政宗に家督を譲ったのである。

この間の小次郎に関する史料は乏しく、その動向は明らかではない。天正十八年（一五九〇）一月には、小次郎と保春院は政宗と黒川城（若松城。福島県会津若松市）で正月を迎えている。特に不審な点は見られない。同じ頃、政宗は天下統一を目指す豊臣秀吉から、頻繁に小田原（神奈川県小田原市）参陣を促されていた。伊達家中には緊張が走り、秀吉の要求に応じるべきか否か検討を行っていた。評議の結果、政宗は四月六日に小田原に出立することを決意したのである。

政宗の出発前夜の四月五日、保春院と小次郎を巻き込んだ騒動が勃発する。以下、『貞山公治家記録』などの記録類によって、確認することにしよう。

政宗毒殺未遂事件

四月五日、母の保春院から黒川城へ招かれた政宗は、別れを惜しんでともに食事をした。ところが、政宗は「油いりのお菓子」か「膾《なます》」を食べ終えたところ、突如として気分が悪くなって吐き出した。一説によると、政宗の毒見役が食すると、たちまち吐血して絶命したともいわれている。保春院は政宗の額に手を当てるなど介抱するが、この時点で政宗は母を疑っており、手を払いのけると屋代景頼《やしろかげより》と片倉景綱《かげつな》に背負われて帰城した。戻った政宗は、医師の錦織即休斎が調合した「撥毒丸」を服用すると、その解毒作用の効き目によって快方に向かった。この記述を見る限り、政宗は母によって、食事に毒を盛られたと考えるべきであろう。政宗は、この事態に対処せざるを得なくなった。

事件を通報した者によると、保春院は政宗を毒殺し、弟の小次郎を伊達家の当主に据えようと画策していたという。保春院は政宗が秀吉のもとを訪れても、怒りの収まらない秀吉によって処刑されるだろうと考えた。政宗が処刑されると、伊達家の所領はすべて没収されてしまう。

こうした事態を未然に防ぐため、保春院は政宗に代えて小次郎を当主に擁立し、兄の最上義光《よしあき》を通じて秀吉に許しを請おうとしたのである。一説によると、この政宗毒殺未遂事件は、保春院が義光からそそのかされて実行に及んだともいわれている。つまり、保春院は伊達家の取り潰しを避けるために、政宗暗殺計画を実行したのである。

四月七日、政宗は小次郎の主席守役の小原縫之助の屋敷で、小次郎を殺害しようとした。屋代景頼は小次郎の殺害を政宗から命じられるが、何度も辞退して助命を願った。そうしているうちに、小次郎が政宗の前に姿をあらわした。政宗は、小次郎に切腹を指示したが躊躇していた。そこで、政宗は自ら脇差で小次郎を切り伏せると、屋代にとどめを刺すよう命じ、守役の小原も殺害された。

政宗は小次郎に罪はなかったが、母を殺害できなかったので、小次郎を討ったと述べている。事件について、何らかのけじめが必要だったのだろう。保春院は実家である最上氏を頼りにして、山形城へと逃亡した。『伊達族譜』の小次郎の箇所には、「天正十八年四月七日、故あって亡くなった」と簡単な記述があるのみである。他の伊達氏関係の系図を見ても、「早世」といった言葉しかない。小次郎の死は、あまり触れたくないことだったのであろう。

事件の背景を考える

一連の事件について、どのように考えるべきなのであろうか。そもそも伊達家では家督をめぐって、不安要素があったが、父輝宗が押し切って政宗を後継者とした。天正十八年(一五九〇)の小田原征伐に政宗が遅参した際、豊臣秀吉の怒りを買ったことは家中に動揺をもたらし、小次郎を推す潜在的勢力の暗躍を許したと考えられる。政宗は、この危機を乗り切り、弟小次郎や反対派を粛清することによって、家中の統制を図ったといえる。そして、秀吉の許しを得ることもできた。毒殺未遂事件は、政宗が以後の飛躍を遂げるうえで、重要な転機となったのである。

小次郎は暗殺されたといわれているが、近年になって新説が提起されている。東京都あきる野市に真言宗の大悲願寺という寺院があり、元和九年（一六二三）八月二十一日付の伊達政宗書状（住職の海誉《かいよ》上人宛）が残っている（「白萩文書」）。内容は、同寺を訪れた政宗が庭に咲いていた白萩の美しさに感激し、その株分けを依頼したものである。

大悲願寺の十五代住職は、法印秀雄《しゅうゆう》なる人物であり、実は政宗の弟であるといわれている。それゆえ、政宗が同寺を訪れたのは、秀雄に会うためだったと地元では伝わっている。同寺が所蔵する『金色山《こんじきざん》過去帳』によると、「秀雄は伊達輝宗の次男で、政宗の弟である」と書き記されている。ちなみに、秀雄の住職であった期間は、寛永十二年（一六三五）九月から翌年六月にかけてのことだった。

注目すべきは、寛永十三年（一六三六）五月二十四日の政宗の命日を記した回向《えこう》が行われ、政宗のことが「輝宗の嫡男で、秀雄の兄」と書かれていることだ。伊達家の系図には、秀雄という人物は出てこない。しかし、秀雄が小次郎であるという可能性は、捨てきれないところだ。その後、秀雄は現在の東京都中野区にある真言宗寺院・宝仙寺の十四代住職を務め、寛永十九年（一六四二）七月二十六日に亡くなった。享年不詳。

この章の主要参考文献

池上裕子『織田信長』（吉川弘文館、二〇一二年）
桐野作人『織田信長　戦国最強の軍事カリスマ』（新人物文庫、二〇一四年）
小林清治『伊達政宗の研究』（吉川弘文館、二〇〇八年）
佐藤憲一『伊達政宗謎解き散歩』（新人物文庫、二〇一四年）
佐藤貴浩『「奥州の竜」伊達政宗』（KADOKAWA、二〇二二年）
谷口克広『尾張・織田一族』（新人物往来社、二〇〇八年）
畑和良「浦上宗景権力の形成過程」（『岡山地方史研究』一〇〇号、二〇〇三年）
渡邊大門『戦国期浦上氏・宇喜多氏と地域権力』（岩田書院、二〇一一年）

おわりに

戦国時代の戦いといえば、大名間の戦いがメインである。桶狭間の戦い、長篠の戦いはその代表であり、多くの方が関心をお持ちだろう。しかし、親子、兄弟、当主と家臣という、身近な者同士の戦いこそ、戦国時代の本質をあらわしているように思えてならない。たとえ血を分けた親子、兄弟とはいえ、利害が絡んだ場合は、命懸けで戦ったのである。

とはいえ、それはわれわれが生きる現代社会であっても、同じようなことがいえるのかもしれない。ある会社では、父と娘が会社の経営権をめぐって激しく争った。むろん、社員は父もしくは娘のいずれかに与した。その結果、娘が勝利して、父は経営権を失ったので新会社を設立した。父に従っていた社員は、新会社に移った。

ところが、娘は新社長になったものの経営がうまくいかず、最終的に社長の座を降りることになった。会社は別の企業に吸収された。まさしく、戦国時代そのものである。おそらく、こうした例は枚挙に遑がないのだろう。昨今では、遺産相続で兄弟姉妹が激しく争うことも珍しくない。「兄弟姉妹は仲良く」なんて、幻想に過ぎないのである。

なお、本書は一般書であることから、本文では読みやすさを重視して、学術論文のように逐一、史料や研究文献を注記しているわけではない。執筆に際して多くの論文や著書に拠ったことについて、厚く感謝の意を表したい。また関係する研究文献は膨大になるので、参照した主要なものに限っていることをお断り申し上げる。

最後に、本書の編集に関しては、星海社編集部の持丸剛氏のお世話になった。ここに厚くお礼を申し上げる次第である。

二〇二四年五月　渡邊大門

戦国大名《せんごくだいみょう》の家中抗争《かちゅうこうそう》 父子《ふし》・兄弟《きょうだい》・一族《いちぞく》・家臣《かしん》はなぜ争《あらそ》うのか？

二〇二四年 六 月 一七日 第 一 刷発行

著者 渡邊大門《わたなべだいもん》

発行者 太田克史《おおたかつし》

編集担当 持丸剛《もちまるつよし》

発行所 株式会社星海社
〒一一二-〇〇一三
東京都文京区音羽一-一七-一四 音羽YKビル四階
電 話 〇三-六九〇二-一七三〇
FAX 〇三-六九〇二-一七三一
https://www.seikaisha.co.jp

発売元 株式会社講談社
〒一一二-八〇〇一
東京都文京区音羽二-一二-二一
（販 売）〇三-五三九五-五八一七
（業 務）〇三-五三九五-三六一五

印刷所 TOPPAN株式会社

製本所 株式会社国宝社

アートディレクター 吉岡秀典《よしおかひでのり》（セプテンバーカウボーイ）

デザイナー 榎本美香《えのもとみか》

フォントディレクター 紺野慎一《こんのしんいち》

校閲 鷗来堂《おうらいどう》

ISBN978-4-06-536180-1

Printed in Japan

297

SEIKAISHA SHINSHO

次世代による次世代のための

武器としての教養
星海社新書

星海社新書は、困難な時代にあっても前向きに自分の人生を切り開いていこうとする次世代の人間に向けて、ここに創刊いたします。本の力を思いきり信じて、みなさんと一緒に新しい時代の新しい価値観を創っていきたい。若い力で、世界を変えていきたいのです。

本には、その力があります。読者であるあなたが、そこから何かを読み取り、それを自らの血肉にすることができれば、一冊の本の存在によって、あなたの人生は一瞬にして変わってしまうでしょう。思考が変われば行動が変わり、行動が変われば生き方が変わります。著者をはじめ、本作りに関わる多くの人の想いがそのまま形となった、文化的遺伝子としての本には、大げさではなく、それだけの力が宿っていると思うのです。

沈下していく地盤の上で、他のみんなと一緒に身動きが取れないまま、大きな穴へと落ちていくのか？　それとも、重力に逆らって立ち上がり、前を向いて最前線で戦っていくことを選ぶのか？

星海社新書の目的は、戦うことを選んだ次世代の仲間たちに「武器としての教養」をくばることです。知的好奇心を満たすだけでなく、自らの力で未来を切り開いていくための〝武器〟としても使える知のかたちを、シリーズとしてまとめていきたいと思います。

2011年9月

星海社新書初代編集長　柿内芳文

SEIKAISHA SHINSHO